［小学校］

通級指導教室担当の仕事スキル

困難があっても
笑顔になれる
教室づくりのコツ

山下 公司 著

明治図書

はじめに

通級指導教室は，おまけの存在

　通級指導教室は，おまけの存在であると思っています。通級指導教室は，通常の学級に在籍している子どもが対象です。したがって，その子どもたちの主な活動場面である通常の学級で輝けるように，通級指導教室は存在しています。では，通常の学級で輝くとはどういうことでしょうか。決してよい成績を取るとかよい行動をして模範となるとかではないと思います。その子がその子らしく，自分は「やれている」と感じたり，「居場所がある」と感じたりすることだと考えます。それをお手伝いするのが通級指導教室の大きな役割です。いわば，おまけの存在です。もちろん，子どもによってはおまけがメインとなることもあるかもしれませんが，教員はおまけであるという意識をもち，常に縁の下の力持ちに徹しましょう。

子どもを中心に

　通級指導教室の面白さは，その自由度にあると思います。「子どものために」という前提があれば，活動内容や支援方法は自分で考えて取り組むことができます。子どもにとって楽しい活動で，何を身に付けたいかが明確であれば，それは素晴らしい支援です。子ども自身が何を願っているのか，どんなことができるようになりたいかを常に考えていけるような通級指導教室担当であってほしいと思います。

通級担当者としての心構え

　本書では，私が通級指導教室担当として勤めた14年間で感じたことや大事にしたいことを60のスキルとして紹介させていただきました。通級指導教室では，子どもの実態によっても取り組むことが大きく異なりますし，地域や学校の実態でもその役割は大きく異なります。あくまで一例として，私が意識していた心構えを挙げています。本書をお読みになったみなさんが自分なりにアレンジして，新しいスキルとして心構えが身に付いていくことを願っております。

　大事なことなので，最後に１回だけ言います。どんなに困難を抱えている子どもあっても，通級指導教室に来て，最後は保護者もいっしょに笑顔で帰っていく。そんなことができる通級指導教室ってとても面白いし，最高だと思いませんか。

著者　山下　公司

CONTENTS

指導を行う

校内支援体制を整える

保護者・在学校・他機関とつながる

通級を卒業してもらう

担当者として力量をあげる

第 **1** 章

小学校
通級指導教室担当の
仕事を
100倍楽しむ
ポイント

子どもには
大好き光線を浴びせる

教員の根っこにあるもの

　みなさん，子どもは好きですか？　教員を志した根幹には，どんなことがあるでしょうか。少し前を思い出してください。決して「安定しているから」「親が教師だったから」などという消極的な理由だけではないと思います。おそらく「子どもにかかわりたい」という思いで教員になっているのではないでしょうか。そんな中で，「たまたま通級指導教室担当になってしまって，困っている。」「特別支援教育は専門ではないので…。」と考えている方もいるかもしれませんね。逆に，通級指導教室担当の希望が叶ったという方もいるかもしれません。教員である以上，みんなが根っこにもっている子どもへの思いを思い出してください。

好きになってもらうために大好き光線を浴びせる

　人を好きに思う気持ちは，ドーパミンの増加に影響すると言われています。ドーパミンが増加することで，気持ちが落ちついたり，いろんなことに意欲的になったりすると言われています。子どもに「この先生のことが好き！」と思わせるだけで，行動面の困りが大きく改善することもあります。

　では，どのようにすれば子どもに自分のことを好きになってもらえるのでしょうか。子どもに先生のことを好きになってもらうためには，まず先生が子どものことを好きになる必要があります。また，それが子どもに伝わる必

要があります。まずは，子どもに大好き光線を浴びせましょう。大好き光線を浴びせるために，まずは子どもの興味・関心を知っておくとよいですね。子どもが興味・関心をもっていることについて，「先生もそのことに興味がある。」ということを言葉や態度で伝えます。例えば，あるアニメのキャラクターが好きであれば，「そのキャラクター知っているよ。」「かわいいよね。」など言葉をかけることが，大好き光線の1つです。しかし，全く子どもの興味・関心について事前情報をもっていないこともありますね。そのときには，「どんなキャラクターなの？」「どんなところが好きなの？」など，子どもが興味・関心をもっていることに興味を示しましょう。先生が興味を示してくれたということは，子どもにはとってもうれしいことのようです。「教えてあげようか？」なんて言われたら大成功です。子どもは先生に教えることが大好きです。このことは，表現の違いはあっても，どの発達段階でも応用可能です。高学年になってくると，大人には理解できない興味・関心を示すことがあります。（例：アイドルや毒性のある生物など）思わず「やめなさい。」と言いたくなることや一歩引いてしまうこともあるかもしれません。そこをグッと堪えて，子どもの興味・関心に寄り添ってみましょう。きっと子どもは心を寄せてくれるに違いありません。

　また，ほめることも大好き光線の1つです。子どもはいつだってほめられる（認められる）ことが好きです。ほめるにもいろんな方法がありますね。直接的に「すごいね！」と言葉でほめることもあれば，いいねサインを態度で示す，間接的にほめる（例：「〇〇先生は素晴らしいって言っていたよ。」など）…。子どもがうれしいと思うほめ方をしましょう。

　実は，子どもに大好き光線を浴びせると，子どもにとってよいだけではなく，大好き光線を浴びせるほう（先生）にも大きなメリットがあります。まずは，子どもの良さに気付きます。そして，子どもがいい気分になると，根っこは"子どものことが大好きな"先生なので，自分も気持ちがよくなります。すでに日頃からたくさん大好き光線を浴びせていると思いますが，自分の気持ちもよくなっていることを実感しながら浴びせてみてください。

02

在籍学級に出向いて，
まわりの子どもとも連携する

子どもの日常を見に行く

　通級指導教室での指導は，子どもにとっては非日常です。その非日常の中で見せる姿と日常で見せる姿は大きく異なります。通級指導教室で子どもを待ち受け，指導を行うだけではなく，ぜひ子どもの在籍学級へ出向き，子どもの様子を参観しましょう。参観しに行っても，その学級に行く回数が少なければ，子どもは通常モードになっていないこともあります。可能ならば，足しげく在籍学級に通いましょう。自校の子どもの場合には，休み時間や給食，掃除などの時間も参観するチャンスがあります。まずは，何度も通うことで，他の子どもにも自分の存在を認知してもらうようにしましょう。

子どもと仲良くなる

　在籍学級に足しげく通っていると，通級している子どもの観察に行っているわけですが，まわりの子どもから「誰のお父さん？」「どこの先生？」等たくさん話しかけてきてくれます。そこで，子どもと相談してまわりの子どもにどのように説明するかを事前に決めておきましょう。中には，自分の担当と知られたくない子どももいます。その場合は，「担任の先生の知り合いで，みんなの頑張っている様子を見に来たよ。」等と言うと，安心してくれることが多いです。逆に，みんなに「僕の先生なんだ！」と紹介してくれる子どももいます。その場合にも，その子どもだけではなく，「みんなの様子

を見に来た。」と伝えるようにしています。

　授業中の様子を参観していると，必ずと言っていいほど，通級している子ども以外でも困っている子どもがいます。それをさりげなく手伝ってあげたり，教えてあげたりすると一気に仲良くなれます。たまに休み時間にいっしょに遊んだり，おしゃべりをしたりもします。子どもと仲良くなると，その学級全体の日常に近づき，子どもの本来の姿が見えてきます。子ども同士の人間関係も見えてきて，子ども同士のサポート体制をつくることもできます。

　ある3年生のクラスで授業の様子を参観していたときのことです。私がいつものように子どもの間を歩いて，学習で困っている子どものサポートをしていたときのことでした。通級している子どもは，板書を写すことが難しく，学習に苦戦していました。何気なく様子を見ていると，その子どもの横に座っていた子どもが写し終わったノートをさりげなく差し出し，板書内容を写しやすくし，さらに言葉でそれを読み上げていました。もしかしたら，私が普段，板書をする際に言葉に出して伝えていたことを思い出し，そうしてくれたのかもしれないと思いました。これがベストの方法ではないかもしれませんが，"さりげなく"支援している姿に感動したことを覚えています。授業後，そのサポートしてくれた子に，なぜそのような支援をしたのか話を聞きました。その子どもの答えがまた秀逸でした。「え？　なんのこと？　そんなことしていた？」その子にとっては，当たり前のことだったのかもしれません。その子どもは支援を意識していないのかもしれませんが，私は思わず「ありがとう。そういうことをしてくれると，○○さんはとっても助かる。」と伝えました。その子どもは，「そんなことなら任せといて！」と頼もしい答え。そのクラスの担任の先生は，さりげなく支援をすることができる素晴らしい先生でした。子どもは，大人の背中を見て育つ。言葉で大上段に「○○さんを支援してやってほしい。」と言うことではなく，自然な支援が展開される。

　そんな素敵な日常を見つけ出し，価値づけしていくことが通級指導教室担当の醍醐味の1つかもしれません。

03

保護者には
とにかく安心感をもってもらう

つながってくれたことを労い，感謝する

　保護者の方が通常暮らしていて，「通級指導教室」という言葉を聞くことはなかなかありません。学校の先生の中には少しずつ浸透してきていて，通級指導教室を知らないという人はいないかもしれませんが，保護者はまだまだ知らない方が多いです。そんな保護者がどこで通級指導教室という言葉を知り，どうやってつながってくるのでしょうか。ほとんどの場合が，子どもの困りについて，教育相談機関や医療機関，在籍学校の教育相談などを通じて，つながっています。よく勉強されていて自ら探し当てつながる方もいますが…。

　藁にもすがる思いで，通級指導教室の門をくぐる方もいます。通級指導教室は，特別支援教育の枠組みになりますので，「障害のある子が行くところ」という思いがあり，つながることを躊躇される方もいます。私は，それは当然のことであろうと思います。そこで，まずは勇気をもって，通級指導教室に来てくれたことを感謝します。やはり，つながっていただかないことには，何も進まず，通級指導教室担当の出番もありません。また，つながる前には，先にも挙げたようなところで相談して来られることがほとんどです。相談するということは，とてもエネルギーを使い，なかなか大変なことです。これまでの子育ての中でのご苦労も想像に難くありません。まずは，労いと感謝の気持ちをはっきりと初回の面談で伝えること。それだけで，保護者も安心感をもってくれるに違いありません。

アドバイスよりも寄り添う

　私は初回面談などでは，あまりアドバイスはしません。なぜなら，その子どものことを深く理解したわけではないからです。また，アドバイスをしたとして，そのアドバイスが実現可能かどうかもわかりません。一般的なことは言えたとしても，なんだかいい加減な気がします。それよりも，子どものことを教えてもらう，これまでの育ちを確認するということを大事にします。中にはアドバイスを欲しがる方もいますが，「お子さんにマッチするかわかりませんが…。」という前提を伝えた上でお話するようにしています。逃げ口上のようにも見えるかもしれませんが，それが責任ある態度ではないでしょうか。

　また，アドバイスするということは，その言葉の裏に「今の方法ではよくない。」という意味も込められています。これは保護者の受け取り方によっては，否定されたと感じる方もいるかもしれません。子どもは傷ついてきていることがたくさんありますが，同様に（いやそれ以上に？）保護者も傷ついてきています。アドバイスの前に，これまでの保護者のかかわりで素敵だなと思うことを十分に伝えましょう。保護者に自信をもってもらうことも，とっても大事です。

子どものよいところを存分に聞く

　初回面談で，「お子さんのよいところを教えてください。思いっきり自慢してください。」と必ず話すようにしています。どの保護者も，初めは言いにくそうにしていても「それはすごい！素敵！」など合いの手を入れていると，どんどん出てきます。子どもがほめられて嫌な気はしないですよね。いっしょに素敵話で盛り上がると一気に打ち解けます。そして，何よりも楽しいです。やはり，子どもも大人も楽しいことを共有すると安心できますね。

04

誇れるくらい
特別支援教育のプロになる

特別支援教育の面白さとは？

　特別支援教育に携わっていると，とても魅力的な子どもたちと出会います。非常に多様な面々です。自分のこれまで培ってきた常識に当てはまらない子どももたくさんいます。それは，社会では障害のある子どもたちと言われているかもしれません。しかし，障害というものはまわりとの関係で初めてつくられるもの。何かしら困っている子どもがいたら，その困りの背景や原因を考えながら，社会との関係で起こっている障害を少しでも解消できるように考えていきます。子ども自身が自分らしく楽しく過ごすことができるようになるために，色々と考えていきます。時には，自分の中にある常識やこれまで培ったことを否定しなければならないこともあります。価値観を変えていかなければならない場面も出てきます。これはとっても大変です。しかし，楽しいことでもあります。哲学者 Alan Watts の言葉に，"Living is to find oneself, and to lose oneself, and to see the world with new eyes." というものがあります。生きることは，自己を発見し，それを失い，再発見することであり，新しいことをしているときにのみ可能という意味です。彼らとのかかわりは，まさしくこのことだと思います。「え～，そんなふうに思うんだ。面白いことするな。」など毎日が新しい発見の連続です。だから，特別支援教育はやめられません。

なによりかによりアセスメント力

特別支援教育で，一番大切なことはなんだと思いますか？　私は，一言であらわすと，＜個に応じる＞ということだと思っています。しかし，言うは易し，行うは難し。実はとっても難しいことです。個に応じるとはどういうことでしょう。私は最も大事なことはアセスメント力だと思います。アセスメントと聞くと，心理検査などをイメージされる方がいるかもしれませんが，そうではありません。心理検査も１つのアセスメントツールですが，自分自身を通して子どもを見取り，子どもと対話して，実態を把握していくこと。その実態から子どもの支援方針を検討していくこと。それがアセスメントだと思います。適切なアセスメントができるようになると，ほぼ支援が達成していると言っても過言ではありません。子ども自身のアセスメントと共に，子どもを取り巻く環境（保護者や先生などの支援者を含む）のアセスメントも重要です。よい支援策を思いついても，それが実現できるかどうかは，この環境のアセスメントにかかっていると言ってもいいでしょう。さあ，アセスメント力を鍛えましょう。

周囲を巻き込む力

子どもの支援を考えるときに，いかに多くの人を巻き込んでいけるかも大事な力です。「３人寄れば文殊の知恵」とは言いますが，特別支援教育では，「３人寄れば，サイコーのアイデア」３人いれば，３人の見立てが可能です。多職種連携も自分の見立てにないものが得られるので，重要です。自分だけでできることはほんの少しであるという自覚をもって，謙虚にまわりの力を借りることができるかが大切です。

特別支援教育のプロとは，謙虚に日々子どもと向き合い，学び続けることができる人だと思います。

第2章

小学校
通級指導教室担当の
仕事を
100倍楽しむ
スキル60

01

出会う前に子どもを知るスキル
資料読み込み3原則

子どもも保護者も緊張している

　通級指導教室につながる子どもや保護者はとても緊張しています。当然ですよね。いつもの自分が過ごしている環境と大きく異なりますので，それは緊張します。また，保護者も同様です。多くの保護者は，自分の育ってきた学校環境しか知りません。通級指導教室のことを知っている方はほぼいないと言ってもよいでしょう。そうなると，子どもにも保護者にも安心感をもってもらうことが最優先となります。では，どのようにすれば安心感をもってもらえるのでしょうか。事前に「子どものことをわかっている」ということは安心感につながります。そのために，事前に資料を読み込んでおくとよいでしょう。

原則1　広く理解しておく

　通常の学級における個別の教育支援計画，関係機関（医療機関や福祉機関）での検査結果や支援計画などの参考資料，これまでの通知表，保護者に書いていただく育ちの記録など，たくさんの情報を子どもと出会う前に読み込む機会があると思います。その際に大事にしたいことは，広く理解しておくということ。何らかの困りがあって，通級指導教室につながっている子どもなので，ややもすると，苦手なことや困っていることに焦点を当てがちです。悪いことではないのですが，全体像を把握できなくなる可能性がありま

す。そこで，事前資料については，まず広く浅く理解しておくこと。その資料を作成した人の思い（バイアス）がかかっていますので，広く浅く読んでおくとよいでしょう。ぼんやりとその子のことを知っておくくらいでよいと思います。その資料を基にすると，実際に子どもと出会ったときに，「資料と同じだ。」「違う姿を見せている。」など新しい発見があるかもしれません。

原則2　好きなことや得意なことを把握しておく

　出会いが大切であることは言うまでもありません。その出会いをより素敵にするために，子どもが好きなことをいつでも話題にできるようにしておきます（もちろんこちらからゴリ押ししてはいけません）。そのために，過去に好きだったことなのか，現在好きなことなのかを資料を読んで把握しておくとよいでしょう。共通の話題があることで，一気に子どもは安心感をもってくれます。好きなアニメや漫画があるとすれば，それを事前に少し知っておくことが重要です。子どもに迎合している？　いいえ，違います。子どもの世界を知るための工夫です。

原則3　（保護者のストーリー）に思いを馳せる

　例えば，医療機関などでの検査結果が資料としてある場合には，もちろん検査結果を分析していくことも重要です。しかし，医療機関につながった保護者の思いやご苦労（＝保護者のストーリー）をまずは考えましょう。

　これまでの通知表や育ちの記録の中にも，子育ての中でのご苦労が滲んでいます。保護者と共同で子どもの支援にあたるためにも，資料の内容と共に，そこに至るまでの経緯に思いを馳せることも大切です。そうすることで，単なる情報ではなく，子どもを支えるための情報として，より詳細に読み込んでいこうと思えるのではないでしょうか。

02

子どもの緊張をとくスキル
大好き光線発射

笑顔で　ファーストコンタクト

　これまで見学等で，通級指導教室を訪問していることがあったとしても，いざ"指導"となると緊張している子どもも多いです。また，中には学校というものに対して警戒感をもっていたり，不信感をもっていたりする子どももいます。また，他校通級の場合，保護者が送迎してくれることもあります。子どもと同様に保護者もとっても緊張しています。そして，期待感もあります。そんな子どもや保護者に対してのファーストコンタクトで大切なのは，なんといっても，笑顔です。とびっきりの笑顔で出迎えましょう。笑顔に勝るものはありません。

出迎えて　ファーストコンタクト

　通級指導教室がどのような校内配置になっているかわかりませんが，可能ならば初めて通級する日は，他校通級の場合は，玄関まで迎えに行きましょう。玄関から教室までの移動の際に，その子にとって第二の学校になりますので，「ここも自分の学校だ」と思えるように，道すがら学校にあるものについて話したり，自分の学校との違いを話したりして仲良くなりましょう。

　自校通級の場合は，本人や保護者と事前にどのように通級に来るかを確認しておきましょう。一人で通級したい子もいるかもしれませんが，できれば，教室まで迎えに行きましょう。迎えに行ったときに，周囲の子どもとも仲良

くなれるとよいですね。授業時間に取り出しての指導の場合，周囲の子ども
は，その子がどこで何をやっているのか気になります。周囲の子どもに対し
ても，通級指導教室担当の先生がどんな先生であるかを知ってもらうよい機
会です。じっくり知ってもらうのは後にして，まずはファーストコンタクト。
なんとなくでよいので，いい人そうだと理解してもらいましょう。

　出迎えるということは，「あなたのことを大切にしています」というサイ
ンになります。前後に指導が入っていて難しい場合もあるかもしれませんが，
1回目くらいは最上級のおもてなしで緊張感をほぐしましょう。

▌好きなことを小出しに　待つ　聞く　態度で好きだと示す

　事前情報として，本人の好きなことを調査しています。そこで，本人の好
きなことを話題にしましょう。ただし，いきなり知らない（関係のできてい
ない）人から自分の好きなことの話題が出ても，びっくりするかもしれませ
ん。ここは小出しにしましょう。「○○が好きって，お母さんに聞いたけど，
好き？」これをきっかけに，たくさん話す子がいれば，その話をしっかりと
聞いてあげるとよいでしょう。まだ緊張がとけずに，じっと黙ってしまう子
であれば，少し反応を待ちつつ，次の一手です。「先生も気になって，○○
を調べてみたんだけど，コレってなに？」と調べた画像などを見せます。そ
の子の好きなものについて "教えてもらう" というスタンスで，たくさん話
を聞き出しましょう。そのあなたの好きなことを教えてほしいというかかわ
りが "大好き光線" です。ビビビと強めに発射することもありますし，光が
強すぎると，その光にたじろいでしまう子もいますので，その場合には，ゆ
る～く発射します。大事なことは，あなたと共通の話題をもっているという
ことを丁寧に伝えていくこと。そうすれば，緊張感もほぐれてくると思いま
す。まずは，「あなたと友達になりたい。あなたのことが知りたい。」その気
持ちを伝えていきましょう。

03

子どもの好きを知るスキル
「君の好きなことを知りたい」

■ 好きなことと得意なことは違う

　好きなこととは，子ども本人が好きで取り組めることです。好きなキャラクターや好きな活動など，それのことを考える（活動する）と時間を忘れて没頭できるというものです。よく保護者や先生から聞くこととして，「本人は好きかもしれませんが，決して上手ではありません。」ということがあります。しかし，必ずしも上手であったり他の子と比べてできていたりする必要はありません。私は，山登りが好きです。といっても，近場の小さな山に登る程度です。充実した装備を持っているわけでもなく，何日もかけて高い山を登るということまではしません。ましてや，チョモランマも目指していません（能力的にも到底無理です）。また，飛行機が好きです。そんなに深い知識をもっているわけではありませんが，空港で飛行機を見たり，飛んでいる姿を見たりするとワクワクします。世の中にはもっともっと詳しい人がいて，知識量は及びもしません。"好き"ということは，本人の中でのことで，他者と比較する必要は全くありません。「好きだけど，苦手（上手ではない）」でも構わないのです。

■ なんでも指導に結びつける必要はない

　「好きなことや得意なことを生かして指導を行う」その考えはとても大事なことです。しかし，指導が前提で子どもの好きなことを探ろうとすると，

うまくいきません。子どもはそんな支援者の目論見を見透かします。「この人は何かをやらせようとしている」と。そうなると，指導に乗ってこなかったり，子どもが好きだと思っていたことを嫌いにさせてしまう可能性もあります。「あるアニメが好きだったけど，そのアニメを見ると，勉強を思い出してしまう。」なんてことになりかねません。もちろん，指導方法の誤りもあってのことかもしれませんが…。

子どものことを知りたい

　基本は子どもの話に耳を傾けることです。スキル1で紹介したように，事前資料で子どもの好きなことをある程度把握した状態で，子どもに好きなことについて尋ねます。「○○が好きって聞いたんだけど…。」と子どもに尋ねます。「この人は，自分のことに興味をもってくれている。」と感じてもらうことが重要です。たとえ，それが自分の全く興味のないことでも，子どもの話を，興味をもって聞きましょう。ポイントは，"教えてもらう"ということです。子どもの知識なので，もしかしたら"それ知っている"ということや"ちょっと違う"と思うこともあるかもしれません。それを指摘したくなる気持ちをグッと抑えて，まずは話を聞きましょう。いかに対等に話をすることができるかが試されるスキルです。

話を聞いている先生

子どもの願いを知るスキル
「全力で応援しています」

できるようになりたい思いを大切にする

　子どもは，人にもよりますが，たいていの場合，通級指導教室につながる前に，うまくいかなさや失敗をたくさん経験しています。そんな中で「どうやったってうまくいかない。」「どうせ無理…。」などが積み重なり，頑張りたいことを聞かれても答えられない場合があります。それはそうですよね。これ以上どう頑張ればいいんだというのが子どもの本心ではないでしょうか。そこで，大事なポイントです。頑張りたいことを聞くのではありません。「できるようになりたいこと」を聞きます。できるようになりたいことがあって，初めて頑張ることができます。我々もそうですよね。マッチョに憧れて，あるいはダイエットしたいと思って筋トレをします。漠然と頑張りたいことを聞かれても，適当に答えてしまうのではないでしょうか。明確に方向性を示すということが重要です。

やりとりして聞き取る

　子どもから願いを聞き取ると，「それはちょっと…。」と思うこともあるかもしれません。実際に，私が子どもと対話する中で，「できるようになりたいこと」を聞いたときにこんなことがありました。読み書き困難のある小学校2年生の男の子でした。通級指導を開始し，子どもの困りもなんとなく把握し，それへの対応も考えていた時期でした。「○○さんは，まなびの教室

に来て，どんなことができるようになりたい？」と聞いたところ，「宇宙飛行士になりたい！」とのことでした。私はてっきり読み書きにかかわること（「漢字ができるようになりたい！」など）を言ってくれると思い込んでいましたので，少し慌てました。そこで，私はこう切り返しました。「宇宙飛行士かぁ。で，どうしたらなれるんだろう？」その子はすかさずこう言いました。「知ってるよ。勉強頑張るんだ。体育も頑張らないと。僕は体育は得意だから，勉強頑張らないと…。」子ども自身が願いをスタートに考えて，今頑張るべきことに考えをシフトした瞬間でした。「勉強っていっても，色々あって全部やるのは大変だよね？　何から取り組もうかな？　勉強でできるようになりたいことはあるかな？」と聞くと，「漢字かな？」とその子は答えました。対話を通して，願いを焦点化していきます。

友達の力を借りる

　願いがすぐに思い浮かばない子どももたくさんいます。そのときには，友達の力を借りましょう。グループ指導の際に，通級指導教室に通う先輩（学年ではなく，通級歴）に同じように願いを聞いてみることで，それを例にして自分の願いを考えることができる子どももいます。あるいは，同じような困難さをもつ子どもと同じグループにすることで，仲間意識が醸成し，同じような願いを言う子どもも少なくありません。教師が無理に促そうとせずとも，通級仲間が引き出してくれることも多々あります。

　そして，最も大事なことは「先生はあなたの願いを全力で応援しています」ということが子どもに伝わることです。対話を通して，子どもの願いを丁寧にくみとっていきましょう。子どもは，それぞれとっても素敵な願いをもっています。それに触れることで，こちらも頑張ろうという気持ちになっていきますよ。

05

こいつは違うぞと思わせるスキル
先生っぽくない先生

子どもと友達になる

　子どもと教師の適度な距離感は大事と言われています。もちろん，それは大切なことだと思います。しかし，様々な場面で傷つき，自信を無くしている子どもたちには，子どもに教師が歩み寄り，距離を縮めていく必要があるのではないでしょうか。そのために，一度"先生"というラベルを外してみると，子どもとの距離が縮まることがあります。そのためには，指導的にかかわるのではなく，同じスタンスで話をするということも大事になります。例えば，子どもが「家でお母さんに怒られてさ～。」と話をしたとします。普通であれば，子どもの話を聞きつつ，お母さんの言い分も伝えていきます。「何があったの？」（事実確認）と子どもの話を聞いて，話を整理します。そのうえで，相手の思いを伝えていきます。もちろん，そういったことも大事で必要なことだと思いますが，私はその前に心がけていたのは，同意することです。友達同士なら，友達が愚痴をこぼしたときに，助言をするのではなく「そだね～。」とまずは話を聞いてあげるのではないでしょうか。明らかに子どもに非があることもあります。それを指摘したくなる気持ちもわかりますが，まずは友達として話を聞くこと。その後のことも考えるとなかなか勇気のいることですが，「ん？　この人はこれまで出会った先生とは違うぞ。」と思わせるにはとても効果的です。まずは子どもと友達になって，子どもの心に迫っていきましょう。

共に真剣に遊ぶ

　スキル３の「子どもの好きを知るスキル」ともかかわりますが，子どもの興味・関心を基にして，いっしょに真剣に遊びましょう。私はよく子どもに「大人げない！」と言われていました。それは，勝ち負けのある遊びでも真剣に遊ぶからです。「先生は手を抜かずに，本気で戦うけれどもいいかい？」と子どもに事前に宣言しておきます。実際には，圧倒的に勝つことはせず，適度に手を抜きますが…。それも子どもに悟られないように，真剣に遊びましょう。子どもの実態にもよりますが，忖度して，毎回子どもが勝つように仕向けるだけではよくありません。子どもを勝たせて自信をつけさせる？いえいえ，子どもは結構見抜いていますよ。「勝たせてもらっている。」と感じさせてしまうと，より傷つく結果になるかもしれません。やはり，教師は演技力も求められますね。もし負けたときには，盛大に悔しがりましょう。煽ることはよくありませんが，少し大げさに感情を表出させると，これも「先生っぽくない先生」で「こいつは違うぞ！」と思ってくれるポイントになります。

子どもと真剣に遊ぶ先生

06

「また会いたい」と思わせるスキル
余韻を残す

次の通級が待ち遠しくなるような工夫

　通級指導教室における指導は，週に1回程度というところが多いのではないでしょうか。自校の子どもの場合は，休み時間に遊びに来たり，話しに来たりすることができるかもしれませんが，他校の子どもはフラッと遊びに来るということは難しいと思います。自校の子どもであっても，休み時間に来るのと通級指導として来るのでは，教師のかかわりの密度が違いますね。休み時間は他にもたくさんの子どもが来ますので，十分に対応できないこともあります。

　そこで，大事なことは通級指導の終わりの時間です。活動の終わりに楽しかったことの続きを次回しようと約束しておくことが重要です。また楽しいことができると思うと，次の通級が楽しみになります。子どもが何かにハマっている場合（アニメやドラマなど）には，たくさんその話で盛り上がった後に，「次回来たときに，続きがどうなったか聞かせてよ。」と話すと，子どもは好きなことを共有できたという思いと共に，"楽しい宿題ができた"と思って，その宿題の提出（通級に来ること）を楽しみにします。中には，保護者に「このアニメ見て，先生に教えなきゃ！　それが宿題なの！」とまで言う子がいます。「楽しいことがまたできる。」という思いをつないでいくことで，「また来たい。」「また会いたい。」と思わせることができるのではないでしょうか。そしてそれが余韻につながるのではないでしょうか。

▍ポジティブな見通しをもたせる

　余韻を残すことの良さは，他にもあります。次の通級の際には，こういうことができるというポジティブな（楽しみな）見通しをもつことができます。嫌なことや（必要以上に）頑張らなければならないことは，その時々で完結し，通級の終わりのときには，ポジティブな見通しをもって終われることがとっても大事です。頑張ってできるようになったことが増えてくると，「もっともっと学びたい！」と子どもは思うようになります。時間をオーバーしても勉強したがる子どもが出てきます。

　しかし，そこで，頑張りすぎると，次回に頑張ろうと思う気持ちが減ってしまいます。食べ物でもそうですよね。もうちょっと食べたいと思うときが止め時。学習もそうです。もうちょっとやれそうと思ったときがその学習の止め時です。やりたい気持ちを維持していくために，次回頑張ろうと終えることも重要です。さらに，子ども自身に次に取り組みたい課題（漢字学習であれば，どんな字にチャレンジするかなど）を決めてもらい，次に取り組む課題に見通しをもたせることが重要です。

　「また（あの先生に）会いたい」「また来たい」と思わせることで，様々な活動に主体的に，意欲的に取り組むことが可能となります。毎時間，こう思ってもらうことは難しいかもしれませんが，そう思ってもらえるように努力し続けていきたいものですね。

　おっと，１つだけ注意点。子どもから次回どんなことに取り組みたいかを聞いておきながら，それを忘れてしまっては信頼を失うことになります。これも基本中の基本ですが，子どもが言ったことはきちんと記録にとっておくようにしましょう。先生が自分の言ったことを覚えていてくれていることは，子どもにとっても大きな喜びとなるようです。他のことは忘れても，子どもが取り組みたいと言ったことだけは忘れないようにしましょう。

07

「できる！」「わかる！」と思わせるスキル
見える形で示し，成功で終わらせる

見える形で示す

　通級指導教室で取り組む課題は，子どもにとっては苦手なこともあります。苦手でうまくいかないけれども，うまくやりたいと思っています。苦手なものに向き合うのは，とてもエネルギーがいることです。そこで，「これならできそう。」と思って取り組んでもらい，そこから「できる！」までつなげられると最高ですね。そのために，子どもには"できる"見通しが必要です。苦手だけれどもやってみようと思える仕掛け，その１つとして，見える形で示すことがあります。教師は，この課題に取り組むと何ができるようになってどういう成果が得られるかを理解して指導を行います。しかし，子どもはそこまで明確にわかっているわけではありません。子どもには，明確に目の

子どもの「わかった！」という表情

　前の課題に取り組むことでどんなことができるようになるかを示す必要があります。もちろん，口頭で示す形もあると思いますが，できる限り見える形で示すとよいでしょう。

　大まかなものでも構いませんが，これまで到達できたこと・これから目指すことを見える形にすることでより意欲的に活動に取り組むことができます。ただ，一方的に教師から見通しをもたせるだけではなく，子どもといっしょに目指すステージを考えても面白いです。私が出会った，漢字が覚えられないことで困っていたＡさんは，自分で「目指せ！漢字マスター」と名付けた漢字の到達目標を記載したシートを作成し，それを基に，漢字を覚える活動に取り組んでいました。「（これなら）できる！」と思わせる仕掛けは，教師の少しの手伝いで，子ども自身がつくっていくのかも知れません。

成功で終わらせる

　通級指導教室の指導は，１時間１時間が勝負です。他の形態の指導がそうではないわけではありませんが，学級での指導では，１日の流れの中で軽重をつけて支援・指導を行うことができます。しかし，それが通級ではできません。そのため，１時間の中でどれだけ子どもに「できる！」「わかる！」と思わせられるかが重要です。私が気をつけていることは，子どもがモヤっとして終わらないようにすること。「成功した！」「できた！」と思ってもらって，さようならをするように頑張っています。１時間の最後に成功して終わらせるためには，１時間の流れが重要です。本人にとって難しいであろう課題や，もしかしたら失敗してしまうような課題は，最後の少し前に取り組み，最後はそれを乗り越えられたという思いがもてる展開にしましょう。

　とはいっても，なかなか難しいです。うまくいかなかったときは，最後に笑顔で帰ることができるよう，本人が楽しく取り組める課題を準備しておき，途中ちょっぴり悲しい（うまくいかなかった）思いをしても，それを晴らして帰りましょう。やはり，事前の準備が大切ですね。

08

通級は役に立つと思わせるスキル
子どもにとっての結果を出す

　私の師匠の一人である大阪府の山田充先生に言われた言葉です。「指導するからには，絶対成果を出さなあかん。子どもは大人があれこれ手を尽くしてくれているのがわかる。大人が一生懸命やってくれているのに，できなかったら子どもはどう思うか？『こんなにやってもできない自分はやっぱりバカなんや。』と思う。それは，子どもの自己肯定感をより下げてしまう結果だ。」とてもとても重い言葉だと思いました。教員は，子どもの支援に一生懸命に取り組みます。しかし，一生懸命なのは当たり前。子どもにとって，その学びを重ねることで成果が得られるかを常に考えていく必要があります。そのためには，適切なアセスメントが重要になりますが，それは別のページでお知らせします。

　また，ある芸能人の言葉を思い出します。「恋で傷ついた傷は，恋で癒すしかない。」これを通級指導教室の子どもに当てはめると，「学習で傷ついている子どもは，学習で自信をつけさせるしかない。」「対人関係で傷ついている子どもは，対人関係で自信をつけさせるしかない。」よく「学習はできなくても運動ができるからいいよ。」というような意見が聞かれます。しかし，私は，それは場面にもよると思っています。子どもから勉強ができなくて困っていると相談を受けたときには，この言葉はあまりにも無責任です。子どもが本当に学習面で困っているかどうかしっかりと話を聞く必要はありますが，もし本当に悩んでいる（できるようになりたいと願っている）場合には，

子どもと共に学習面での困りを少しでも解消できるような方策をいっしょに考えたいと思います。子どもにとっての結果とはどういったものでしょう？

在籍学級でのキラリを目指す

　通級指導教室に通う子どもは，みな通常の学級がメインの活動場面です。通級指導教室の中で「できた！」「わかった！」と思うことは大事ですが，それを基に，通常の学級でも結果が出せることが一番求められます。ここでいう結果とは，「よい点が取れた」「ほめられた」というような目に見える結果だけではありません。子ども自身が「（苦手だった・うまくいかなかったけれども）やれた！」と思えることが重要です。そのためには，在籍学級の先生の協力が必要です。通級指導教室担当者と在籍学級担任が連携して，通級では何を頑張っていて，通級の中でできるようになってきたこと（芽生えてきたこと）を把握しておいてもらいます。はじめは，子どもも充分に通級での学びを発揮できないかもしれません。そこで，通常の学級の先生に背中を少し押してもらいます。すると，子どもが自身をもって力を発揮できます。友達とのかかわりで悩んでいたBさんは，自分から仲間の輪に入れてもらうことが苦手でした。しかし，友達と仲良くなりたいと願っていたBさんは，通級指導教室での小集団活動を通し，自分から話しかけるスキルを身に付けようとしているところでした。そのことを知っていた在籍学級担任の先生は，休み時間にBさんに近寄って，「今，チャンスだよ。」と友達に話しかけられる機会を見つけ，背中を押しました。もちろん，Bさんは結果を出し，「自分はやれる！」という思いを抱き，より友達と積極的にかかわるようになりました。キラリ光る瞬間でした。もちろん，いきなりクラスの中でリーダーシップを発揮するくらいガラッと変わることはありませんが，"本人なりに"結果を出すということで，自己肯定感を高めることができるのではないかと思います。

自分自身のことを知ってもらうスキル
「得意なこと苦手なことグラフ」

得意なことはなんだろう

　子どもに得意なことを聞くと，特に高学年で「何もない。」と言うことがあります。それは自信の無さを表しています。周囲と比べることができるようになってきて，これまで得意だと思っていたことも人と比べるとそうでもないと感じるようです。また，うまくいかなさをたくさん味わってきています。そんな中で，自分の得意なことを「得意である。」とあらわせなくなってきているのではないかと思います。そこで，得意なことというのは，他と比べる必要はなく，自分の中で苦手なことと比べることが重要だと伝えます。また，「先生は，お笑い芸人ほどではないにしても，話をするのが得意だ。」と教師自身のことも話題にします。すると，少しずつ自分のことを語ってくれるようになります。

「苦手なことや１人ではうまくいかないことを教えて」

　苦手なことやうまくいかないことには，自然と注目しやすく，話を聞けばたくさん出てくることが多いです。しかし，本当に苦手なことは語りたがらない場合もあります。それだけ自信を無くしているということかもしれません。教師と子どもの関係ができないうちに，本人が語りたがらないことを話題にするのは，子どもを傷つけてしまう結果になりかねません。しかし，語ってもいいだろうと子どもが思い，関係ができてきたときには，ぜひ話題に

してみましょう。「おうちの人（先生）から聞いたけど，○○がうまくいっていないんだって？」と。それで語ってくれるようであれば，その語りを大事にしていければと思います。

グラフにしてみる

ある程度，子どもの得意なことや苦手なことを把握できたら，今度はそれを子どもと一緒にグラフにするという方法もあります。まずは，本人の好きなアニメのキャラクターなどを使い，想像でも構わないのでグラフ化し，その後，先生・本人のグラフを描いていきます。グラフにすることで，苦手なことに終始するのではなく，得意なことを伸ばしていくこと，実はそんなに何もかもができないのではないということ，人それぞれ違うということが伝わればと思います。

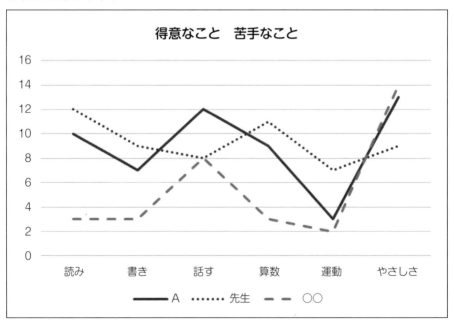

図　得意なこと苦手なことグラフ

子ども同士をつなぐスキル
仲間と乗り越える課題

仲間だからこそ学べることがある

　なんらかの困りを抱えている子どもは，うまくいかないことの積み重ねで自信を無くしています。また，それゆえに，まわりとの違いを感じて孤独感を味わっている子どももいます。そこで，私は，同じ困りを抱えている子ども同士を同じ時間に指導することがあります。もちろん，同じ困りを抱える子どもを同じ時間にしない方がいい場合もあります。暴言・暴力がある子どもや活動的で集団から外れやすい子どもが複数グループにいると，それぞれが不適切なモデルとなり，影響し合うことがあります。その場合は，その子どもを中心にモデルとなるような子どもを同じ時間に設定することもあります。

　同じ時間に同様の困りを抱えている子どもがいると，「困っているのは，自分だけではなかった。」「仲間がいる。」と思い，励みになることがあります。教師が100回同じアドバイスを伝えるよりも，仲間からの１回のアドバイスが心にしみることもあります。

　それ以外にも，同じような課題をいっしょに行うことができ，お互い切磋琢磨することもあります。たまに，子ども同士が結託して，先生をやっつけようとすることはありますが，それもご愛敬です。

好きなことを生かす

　これまでの集大成というわけではありませんが，子どもの好きなことや人

となりを十分に把握し，それを生かします。対人関係やコミュニケーションでの困りがある子どもの場合，好きなものが共通しているグループをつくることで，困りがある程度解消し，そのグループ活動を通してスキルを学んでいくことができることがあります。

　Cさんは，コミュニケーションで困っていました。その背景として，友達との会話では，自分の話ばかりをしてしまい，友達の話を聞くということがなかなかできていませんでした。そこで，Cさんは恐竜が大好きだったので，同じように恐竜が大好きなDさん，Eさんといっしょにグループで活動することにしました。そうすると，当然大好きな恐竜を話題に会話が展開されます。同じように恐竜に詳しい仲間なので，私の知っているレベルをはるかに超えた会話が繰り返され，"楽しい"ので，友達の話を聞くことができました。もちろん，たまには聞くことを忘れてしまいますが，教師からの促しや友達からの指摘で気づいて行動を修正することができました。そのことがすぐに日常生活の会話で般化するわけではありませんが，少しずつ日常でも人の話を聞くことを意識するようになっていきました。

仲間関係を築く

　好きなものを基にグループを構成しますが，子ども同士をつなぐのは，教師の役割です。自由会話の場面で好きなものを話題に取り上げることやクイズ大会などで好きなことを取り上げる，個別の課題に取り組む際に，好きなものを教材として使う等。意識して，仲間関係を築くことができるように促すことが重要です。教師が知らないふりをして，子どもから教えてもらうということもよいですね。食べることが好きであれば，一緒に調理をしてもよいでしょう。友達と共同で何かをする場面を設定すると，一気に仲間関係が築けます。

11

アセスメント力を高めるスキル①
子どもを見る

子どもの行動を観察する

　アセスメント力を高めるために，子どもの行動を観察しましょう。

　子どもを直接観察するときには，どんな場面でどのような行動が起こり，その後どうなったかを把握します。

　例えば，「いつも暴れている」と聞くことがあります。しかし，それは本当でしょうか。子どもの行動をしっかりと観察すると，そうでもないことが明らかになってきます。

```
暴れているのは
①どんなとき？          →友達が話しかけたとき
②状況は？              →友達が後ろから背中を叩いている
③具体的にどんなことを？  →振り向きざまに友達を叩く
④その結果どうなった？    →けんかになって，叱られた
```

　私は，保護者や担任の先生から話を聞いたときに，"いつも"や"ずっと"と聞いたときには，まず疑うようにしています。"いつも"暴れていたり，"ずっと"落ち着かなかったりするなんてことは＜絶対に＞ありえません。それを踏まえて，子どもの行動を観察しましょう。

三項随伴性の視点をもつ

　子どもの行動を観察するうえで，三項随伴性ということを意識するとよい
でしょう。

　子どもが行動する際には，その行動の前に，必ず先行条件（弁別刺激）が
あります。それがあることで子どもの行動が引き起こされています。また，
その行動を行うことで，子どもにとってよい結果が生まれます。それが強化
因です（下図参照）。

図　三項随伴性

　子どもの行動（B）そのものを変えることはなかなか難しいです。しかし，
先行条件（A）を変えることは周囲の理解があれば，比較的可能です。先の
例では，話しかけるときは，前から話しかけるようにしてもらうと，友達を
叩くという行動がなくなるかもしれません。先行条件を見定め，何によって
その行動が引き起こされているかを検討する必要があるでしょう。

行動の背景を考える

　なぜ友達に背中を叩かれて話しかけられただけで，叩き返してしまったの
でしょうか。感覚の過敏さがあり，強く叩かれたと思ってしまった。思って
もいないときに叩かれたからびっくりしてしまった等。行動の理由を考える
と，対処法が考えられます。感覚の過敏さがあれば，「ねえ。」と言葉かけを
してもらえることが大事かもしれません。突然でびっくりしたのであれば，
前から声かけしてもらえばいいかもしれません。

アセスメント力を高めるスキル②
環境を見る

子どもの過ごす教室環境を見る

　通級指導教室に通う子どもは，大半の時間を通常の学級で過ごします。通常学級でどのように過ごしているかを観察することはとても重要です。教室自体の設計がどのようになっているか（オープン教室であるかどうか，児童数が多く通路が狭いことはないか，かばんやお道具箱を置くスペースはどうか等）を確認しましょう。ここはあまり変えることができません。しかし，動線を考えることで，子どもの困りが解消することもあります。例えば，道具を取りに行くときに，道具箱が入っている場所が遠く，通路が狭いために，友達にどうしてもぶつかってしまい，トラブルになる。そのときは，環境への配慮ということで，座席を工夫すると無用なトラブルがなくなるかもしれません。

　先生が作る環境も観察します。座席配置や掲示物，視聴覚機器の配置，先生の机の配置も重要な情報です。ある子は，先生の机はワンダーランドだと言っていました。次の学習の準備物や面白いものであふれているとのことでした。これらは，在籍学級の先生の協力で配慮することが可能となります。環境を整えるということを，子どもの実態に合わせて，提案できるとよいですね。そのためにも，子どもの特性を踏まえて教室環境を観察しましょう。

子どもとまわりの子どもとの関係を見る

　子どもが過ごしている通常の学級での子ども同士の関係を観察することも重要です。子どもの学級での立ち位置を把握しましょう。仲良しの友達はいるかな？　子どもが気にするような特定の友達はいるかな？　子どもに配慮して言葉かけしてくれる友達はいるかな？　等を観察します。みんながみんな，子どもに配慮してくれる環境ではないと思います。むしろ，いろんな子がたくさんいて，その中でどのような過ごし方をしているかを把握することが重要です。中には，対象の子ども以外にも色々と苦戦しているお子さんを見出すかもしれません。担任の先生も把握されていることだと思いますが，通級担当として客観的に把握することが大切です。みんながハッピーになるためにという視点で，学級全体での配慮や座席配置などの工夫も考えて，提案できるとよいですね。

子どもと担任の先生との関係を見る

　担任の先生と子どもの相性というものは必ずあります。良好な関係を築けることが一番ですが，そうはいかないこともあります。もちろん，寄り添う努力はするにしても，なかなかお互いに受け入れられないということもあります。授業中や休み時間などを観察し，子どもと担任の先生の関係を把握しましょう。そして，良好な関係を築いている場合には，先生のどの言動が子どもにとってよいのかということを言語化して伝えましょう。良好な関係を築けていない場合は，先生のすぐにでも変えてほしい言動，ちょっと工夫すればうまくいく言動，そのままでよい言動に分けて観察します。そのままでよい言動（子どもにとって素敵な言動）は認めていき，すぐに変えてほしい言動・少し工夫のほしい言動はやんわりと伝えます。担任の先生が言動を変えてくれるとよいのですが，なかなか難しいのが現実です。その際には，子どもや保護者に「その先生はそういう人だ。」と理解してもらい，多くを求めず，お互いフラストレーションが溜まらないようにするという工夫も必要かもしれません。

13

アセスメント力を高めるスキル③
作品を見る

掲示物を見る

　在籍学級訪問に行ったときには，必ず掲示物を見ましょう。対象となる子どもの作品がどんなものかを把握します。例えば，習字の作品などが掲示されている場合は，書字に関する情報だけではなく，物の扱い方も把握することが可能です。実際に書写の時間に参観できれば見えてくるかもしれませんが，半紙の扱いや書くべき文字以外に汚れが付いているなどで想像することができます。

　また，観察日記などでは，描画の様子が把握できます。見て描いたのか，誰かのサポートを得て描いたものか等は，後で担任の先生に聞きましょう。作文や目標などでは，書くことの様子が把握できます。文字レベル・文レベル・文章レベルでの実態把握が可能となります。それ以外にも，係活動の掲示などもとても参考になります。そこから友達との関係も把握することができます。

　おまけですが，子どもの写真と学期の目標などが掲示してあることがありますね。私はそれを見て，それから学級の子どもの様子を見るようにしています。学習面で困りを抱えているお子さんの場合，そういった目標にも如実に困りがあらわれている場合があります。また，行動面や対人面での困りを抱えている子どももいて，事前に写真を見ておくとより，担任の先生との話の際に，名前を挙げて話をすることができ，学級の実態を深く把握することができます。

ノートやテスト，ワークを見る

　保護者との面談の際には，必ず本人が手掛けたものとして，ノートやテスト，ワークを持ってきてもらうようにしています。子どもが書いたものは，情報の宝庫です。一番は，学習の状況の確認です。実際に書いたものを見て，間違っているところなどを確認して，どのような誤りがあるかを分析します。その分析を行うことで，子どもの学習面での困りの背景を想定できます。

　また，鉛筆を使うことにおける不器用さについても把握することができます。それ以外には，授業中の行動も想像することができます。落書きがいっぱいであるとか，ところどころ破れている場合があり，授業に集中できていない可能性があります。

　テストでは，先生によっては手助けされているなどの配慮されていることがありますので，どのように取り組んでいるかを担任の先生に聞き取るとよいでしょう。

掲示物を見る先生

14

アセスメント力を高めるスキル④
心理検査等を活用する

心理検査を活用する理由

　心理検査では，客観的な指標を基にすることで，同じ年齢の子どもとの比較（個人間差）や子ども自身の中での強みや弱みの把握（個人内差）を求めることができます。子どもの日常の様子を観察することで十分把握できることもありますが，心理検査などの客観的な指標を用いることで，子どもの状態像を的確に把握することが可能となる場合があります。しかし，あれもこれも活用するのではなく，あくまで補助的に活用できるとよいでしょう。どの心理検査においてもある程度時間がかかります。子どもにとって負荷になっていることは間違いありません。必要な検査を必要に応じて活用していきましょう。たまに，「とりあえずビール！」のごとく，「（発達障害の支援にあたっては）とりあえず WISC！」と言う方がいます。間違いです。心理検査によってどんなことを把握していきたいのかを事前に考え，検査結果の仮説を立てつつ，活用しましょう。

心理検査の解釈を行う

　ここは非常にセンスが問われます。基本的には，心理検査は医療機関や相談機関などで実施されることが多く，通級指導教室で実施することは少ないかもしれません。しかし，その概要を理解しておくことは重要です。検査結果の報告をもらったときには，可能であれば検査実施をされた心理士と連絡

をとって，解釈について子どもの臨床像と重ねてディスカッションできると
よいでしょう。

　以下に，通級指導教室でよく活用される心理検査について概要を挙げてお
きます。心理検査実施については，検査者資格のあるものもありますので，
各自で確認しておくようにしてください。

WISC-Ⅴ	日本文化科学社，2021	適用年齢	5：00〜16：11
キーワード	全検査 IQ　　主要指標　　補助指標 言語理解指標 視空間指標 流動性推理指標 ワーキングメモリー指標 処理速度指標		
KABC-Ⅱ	丸善出版，2013	適用年齢	2：06〜18：11
キーワード	カウフマンモデル　　CHC モデル ＜認知＞継次尺度　　長期記憶と検索 　　　　　同時尺度　　短期記憶 　　　　　計画尺度　　視覚処理 　　　　　学習尺度　　流動性推理 ＜習得＞語彙尺度　　結晶性能力 　　　　　読み尺度　　量的知識 　　　　　書き尺度　　読み書き 　　　　　算数尺度		
DN-CAS	日本文化科学社，2007	適用年齢	5：00〜17：11
キーワード	PASS 理論　　実行機能 プランニング 注意 同時処理 継次処理		

15

アセスメント力を高めるスキル⑤
チェックリストを活用する

チェックリストのメリットとデメリット

　チェックリストを活用してアセスメントを行うメリットとしては，簡便に実施できるということが挙げられます。心理検査ほどの負荷がなく実施でき，採点も簡単であることが多いです。主に在籍学級担任や保護者など，子どものことをよく知る人に実施してもらいます。

　在籍学級担任に実施してもらうと，それまで子どものことをぼんやりとしか見ていなかった場合も，チェックリストを活用することで，子どもの様子を，観点をもって観察することが可能となります。また，指導の前後（1年後か半年後くらいのスパン）で実施すると，その指導の効果を測定することが可能です。ただ，フラットに実施していただく必要があるので，「指導効果の測定」とはせずに，「実態把握の一環」として実施するとよいでしょう。

　デメリットとしては，評定者の主観が大きく影響することです。主に行動面などでのチェックを行うことがありますが，例えば「その場に合わせた感情を，言葉で表現することができる。」とあったときに，評価者によっては，「よくできる」とするかもしれませんし，「できることもある」とするかもしれません。このように，評定者によって結果が変わってくることがあります。

チェックリスト活用の留意点

　チェックリストを活用する際には，先述のメリットとデメリットを踏まえ，

以下の点について留意しておく必要があります。

❶実施時期

　在籍学級担任に実施する場合は，年度初めの子どものことをよく把握していない時期に実施するのと，ある程度子どものことを把握できた時期に実施するのでは結果が異なるかもしれません。年度初めに実施する場合は，６月〜７月くらいに実施すると，ある程度正確な結果になるのでお勧めです。

❷複数での実施

　先にも述べたように，評定者の主観が大きく影響します。そこで，可能であれば，その子どものことをよく知る先生（担任外などで子どもとかかわることの多い先生）や先生と同時に保護者にも同じものを実施してもらうなどすると，より的確な情報が集まります。

　また，評定者による違いを分析することで，評定者がその子どもをどのように捉えているかといったことも把握できます。中には，子どもに対してとても厳しい評価をされている先生がいて，実際に在籍学級に様子を見に行くと，子どもの行動がとても気になるようで，監視するかの如く，細かく注意を繰り返されていました。チェックリストの結果からそのようなことも読み取れることができるようになるとよいですね。

❸あれもこれもとならないようにする

　チェックリストは，非常にたくさんあります。子どもの行動に関するものや学習状況を確認するもの，障害特性に関するものなど，多岐にわたります。簡便なものも多いのですが，あれもこれも活用するとなると，やはり大量になり，負荷が大きくなってしまいます。ただでさえ，担任の先生や保護者は忙しいので，なんでもかんでも活用するのでなく，子どもの困りに応じて活用するとよいでしょう。

16

［個別］
個別の指導計画作成スキル①
アセスメントが命

アセスメント情報をまとめる

　保護者や在籍学級の担任の先生の話を聞いたり，様々な機関と連携しながらアセスメント情報を収集したりしてきました。では，そのアセスメント情報を１枚のシートにまとめていきましょう。アセスメントを活用するという観点では，普段の指導場面でも参考にできなければ意味がありません。たまに，ポイントも小さく，よく見えないアセスメントのまとめを見ます。しかし，それでは見る気も失せてしまいます。指導に生かすための情報のみが個別の指導計画の１ページ目にあるとよいでしょう。

　以下に，まとめる観点例を挙げます。

①主訴
②家族構成・家庭状況
③生育歴・教育歴　他機関との連携
④認知特性
⑤言語・コミュニケーション
⑥行動・社会性・対人関係
⑦運動・動作・作業活動
⑧学力・在籍学級の様子
⑨基本的生活習慣・放課後活動の様子・興味関心・その他
⑩良さや得意な面

アセスメント情報を基に指導仮説を立てる

アセスメント情報から，子どもの困りの背景を模索します。ここでは，事実を基にして，思い込みで考えることのないようにします。「似た子が過去にいたから…。」「ADHD だから…。」ではなく，事実から解釈したことを仮説として採用しましょう。例：筆記スキルの弱さがあって，書くことの困難さが生じている。聴覚ワーキングメモリの弱さから，指示理解が難しい等。

指導仮説を基に長期目標と短期目標を立てる

長期目標は，およそ1年後に子どもがどんな姿になっていてほしいかをイメージして書きます。ここでは，支援や指導の方向性を示すことができればよいです。ただ，たまに人生の目標のように壮大な目標を見ることがあります。「コミュニケーション能力を向上させ，自分らしさを発揮して過ごすことができる。」これは壮大ですね。ここで大事なポイントです。評価できるかどうか。数値での目標がわかりやすいですが，必ずしも数値を目標としなくてもよいです。ただ，「よくできた。」「しっかりできた。」など抽象的な評価にならないような目標を立てましょう。

短期目標は，学期ごとに達成できる目標になるとよいでしょう。短期目標が達成されることで，長期目標につながるものになります。目標の立て方としては，短期目標が1つ達成され，次の短期目標につながり…というように段階的に設定する場合と，領域や内容ごとに短期目標を設定し，それぞれを達成していくことで長期目標達成を目指す場合があります。子どもの実態に応じて，設定されるとよいでしょう。

長期目標を立てるのが難しいと感じる場合は，まず仮の短期目標を設定し，それが達成されていくと1年後どうなるかを想定して，長期目標を設定する。その後，短期目標の見直しを行うということでもよいかもしれません。

17

［個別］
個別の指導計画作成スキル②
より具体的に考える

指導内容を検討する

　長期目標と短期目標が定まると，その目標を達成するために，指導内容を検討します。指導内容は，個別の指導計画を作成者以外が見たときでもそのときに活動する内容がわかるくらい具体的に記載します。毎回の活動に関する詳細な内容は，別に記載するため，ここでは大まかな方向性を記載します。例えば，「２年生の漢字を50％正確に書くことができる。」という短期目標があった場合，その指導内容として，「①触覚や聴覚を使って，漢字を覚える。」「②自分で目標を立てて，小テストに取り組む。」などが挙げられます。１つの短期目標に対して，いくつもの指導内容を作成するのではなく，多くても２〜３つ程度の内容にしておきましょう。

具体的手立てを考える

　長期目標を立て，それに沿った短期目標を検討しました。さらには，それに見合うような指導内容も検討しました。では，次のステップです。その指導内容をより具体的にしていきます。どの場面で，どのようなことを，どのように行うかを記載します。教材を使う場合には，それについても記載しておきます。配慮事項も盛り込んでいきましょう。ここでは，指導仮説で検討したアセスメントのまとめを生かしたものにしていきましょう。

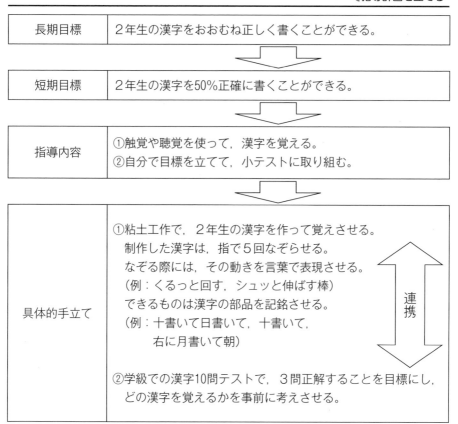

長期目標	２年生の漢字をおおむね正しく書くことができる。

短期目標	２年生の漢字を50％正確に書くことができる。

指導内容	①触覚や聴覚を使って，漢字を覚える。 ②自分で目標を立てて，小テストに取り組む。

具体的手立て	①粘土工作で，２年生の漢字を作って覚えさせる。 　制作した漢字は，指で５回なぞらせる。 　なぞる際には，その動きを言葉で表現させる。 　（例：くるっと回す，シュッと伸ばす棒） 　できるものは漢字の部品を記銘させる。 　（例：十書いて日書いて，十書いて， 　　　　右に月書いて朝） ②学級での漢字10問テストで，３問正解することを目標にし， 　どの漢字を覚えるかを事前に考えさせる。

連携

アセスメントを意識する

　具体的手立てを考えていくときに，教師の悪い癖が出てしまうことがあります。「ある子どもでこの方法がうまくいったから。」という経験です。経験が悪いわけではありませんが，それがその子どもにマッチしているか，アセスメント情報を今一度見直しましょう。アセスメント情報と経験が一体化すると，これほど最強のものはありません。

18

［個別］
個別の指導計画活用と評価のスキル
いつでも手元に個別の指導計画

個別の指導計画を棚にしまい込まない

　個別の指導計画は，個人情報が満載です。それゆえに，重要書類であることは間違いありません。重要書類の扱いというと，学校にもよるかもしれませんが，おおむね鍵のかかる書庫にしまわれてしまって，普段見る機会がないということが多くないでしょうか。日常的に使うものではない場合にはそれでもかまいませんが，個別の指導計画は，日常的に見て活用するべきものです。それをしまい込んでしまっては，宝の持ち腐れ。そんなことをするなら手間をかけるだけ無駄。作成しない方がましです。「そうはいっても，個人情報だからな〜。」という方への提案です。名前の部分を消して，イニシャルや番号などにしておいた複製をいつでも活用できるようにしましょう。私は，曜日ごとに指導計画をまとめたファイルにして活用していました。月曜日ファイルでは，月曜日に通級してくる子ども全員の個別の指導計画を1冊のルーズリーフにファイリングし，それを常に持ち歩いていました。もちろん，指導終了後には，鍵のかかるファイリングキャビネットにしまっていました。それの利点としては，いつでもアセスメント情報を見返したり，日々の指導の経過を見直したりできることが挙げられます。また，通級指導教室での指導は，自分だけではなく，複数の先生で行うこともあります。その場合にも，その個別の指導計画を見ると，一発でどんな指導をどのように行っているかが明確です。在籍学級の先生が，通級指導の様子を見に来てくれたときにも，それさえあれば，十分な情報となります。

日々の指導のふりかえりを記録する

　個別の指導計画ファイルでは，私の場合，見開きで左ページにアセスメント情報，右ページに心理検査結果を記載し，1枚めくると，左ページに長期目標，短期目標，指導内容，具体的手立てが見えるようにしていました。右のページとそれ以降には，日付と指導内容，そのときの様子を記録する欄を設けた枠を用意しておき，そこに，日々の指導の様子や子どもの言動をメモしていました。私は，そのメモを基にパソコン等でまとめることはせずに，とにかく手書きで記録し，必要に応じて，まとめていました。子どもも先生が持っているそのファイルには，色々なことが記録してあると思っていますので，中には「大事なこと言うよ。忘れないようにそれ（個別の指導計画ファイル）にメモしておいて。」とメモを促す子どももいました。

事実から評価する

　そうやって，日々個別の指導計画に沿った記録をしておくと，評価のときにとても便利です。なぜなら，個別の指導計画ファイルには，短期目標やそれに沿った指導内容・具体的手立てに関しての評価が記載されているからです。子どもの言動全てを記録しておくことが望ましいのかもしれませんが，私は指導のエッセンスが個別の指導計画で記載されているはずなので，それ以外での評価はあまり必要ないと思っています。

　もちろん，特記事項としてそれ以外の子どもの様子なども記載しておきますが，それも個別の指導計画の修正や変更，今後の支援にかかわる内容です。そのように指導の精選化・効率化ができることも個別の指導計画の活用の大きな意義です。

　みなさんは，個別の指導計画を有効活用していますか？「なんて書いてあったかな？」と悩むようでは十分活用できていないかもしれません。今一度，生きた個別の指導計画にしていきましょう。

19

［個別］
合理的配慮の盛り込みスキル
これまでの支援の見える化

これまでのかかわりを見える形にしていく

　個別の教育支援計画は，子どもの人生を考えていく長期的な視点が必要です。子どものそれぞれのライフステージを見通し，その子どもが自分らしく過ごせるようになるための計画でもあります。そう考えると，支援を縦につないでいくことが重要なので，家族（場合によっては親戚等も），医療，福祉，保健等の様々な公的機関やデイサービス，習い事などの民間機関で子どもや保護者がこれまでどのようにかかわってきたかを明確にしておく必要があります。過去を整理し，現在どのようなかかわりがあるのか，その先の将来どのようにかかわっていこうかという見通しがある程度まとまっていけばよいですね。また，保護者の心のよりどころといった心情的なサポートもあれば，具体的にどのようなサービスを受けてきたのか，正確に記載されるとよいでしょう。次ページに示すようなサポートマップで，目でぱっと確認できるものになるとよりよいと思います。困りのある子どもで，状況が改善されてきて，支援が緩やかになってきた（支援先が少なくなってきた）が，状況が変わって，過去の支援の状況を確認する必要やキーマンを改めて確認する必要が出てきたときに，これまでのかかわりを視覚化しておくと，すぐに連携を進めることができます。保護者と共に，整理してまとめておくことをお勧めします。

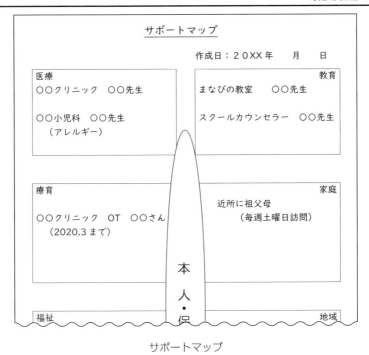

サポートマップ

合理的配慮を記載する

　合理的配慮は，個別の指導計画の中でも盛り込まれますが，切れ目のない支援を行ううえでは，教育支援計画にも明確に記載しておく必要があります。どのような場面で誰がどんな支援を行っていたかを明記しておくようにしましょう。個別の教育支援計画のフォームについては，各自治体で出されていることが多いので，そちらを参考にしてください。支援目標や具体的手立ての掲載欄に，他の文章に埋没することがないよう，フォントを変えるなどして明示しておくようにしましょう。個別の教育支援計画は，小学校から中学校，中学校から高校などステージが替わるときの資料としても活用します。合理的配慮は必ず伝えなければならない事項の１つですので，目立つように記載する。これは大事なポイントです。

20

［個別］
個別の指導計画の組み立てスキル
1時間の中でのリズムづくり

1時間の中で緩急をつける

　個別の指導を行うときには，1単位時間（小学校であれば45分間）の指導をどのように組み立てていくかも重要です。同じ課題を1時間いっぱい行っていたり，深く考えることなく指導内容の流れを組んでいたりしないでしょうか。

　個別の指導を考えるときには，子どもの実態によっても異なりますが，私は以下のような流れで指導を行います。時間はおよその目安です。

---

①はじめのあいさつ（1分）
　気持ちや行動の切り替えを行います。

②活動内容の確認（4分）
　スケジュールとめあてを視覚化して伝えます。

③最近の話（5分）
　子どもと1週間の出来事についてお互いに話をします。
　在籍学級担任や保護者から特別な話を聞いていたときには，この時間の中で子どもの思い等を聞きます。

④課題1　集中して取り組むべき課題（10分）
　後半に集中を要する課題を設定すると，集中できなかったり，早く終わろうとしてねらいに迫れなかったりすることがあります。そこで，まずは，本人にとって難しいであろう課題や新しい課題など，集中し

て取り組むべき課題に取り組みます。

⑤**課題2　本人が選択できる課題（10分）**

　集中する課題に頑張って取り組んだ後なので，少し気持ちを開放します。やってほしい課題のうち，本人が選択して取り組みます。毎回同じ課題を選択し，指導の狙いに迫れないという場合には，「今回はこれに取り組むので，次回はこれね。」等，週を跨いで課題を選択させることもあります。

⑥**課題3　運動課題（10分）**

　運動に取り組まない子どもの場合は，実施しません。子どもによっては，運動課題に先に取り組んでから課題1を実施する子どももいます。

⑦**自由遊び（4分）**

　教師が連絡帳を書く間，子どもには教室内で自由に遊んでもらいます。自分で遊びを選択し遊ぶことで，在籍学級へ向かう気持ちを整えます。

⑧**おわりのあいさつ（1分）**

　1時間の活動のふりかえりと次回の活動のつなぎ（見通しをもたせる）を行います。

　大まかな流れを固定することで，子どもは見通しがもて，安心して活動に臨むことができます。同じ日に複数の子どもが違う時間に来るのが，通級指導教室の特徴です。毎時間子どもは変わっていきますが，1単位時間の流れを固定することで，教師も落ち着いて指導することが可能となります。

時には浸る時間をつくる

　とはいったものの，常に全員がこの流れで指導を行うということはありません。時には，1つの課題，1つの活動に取り組むこともあります。基本的には，子どもの実態に応じて変更していくということですが，枠組みにとらわれすぎず，指導できるとよいですね。

21

［通級全体］
小集団活動成功のスキル
活動内容と評価の共有

指導プログラムを共有する

　小集団指導を考えたときには，子どもそれぞれの個別の実態や目標を意識しつつ，全体をダイナミックに指導することが重要です。そのために，指導プログラムも個別に応じたものと合わせて，全体の流れを明確にしたものを活用するとよいでしょう。

　その時間全体でのめあて（子どもにとって理解できるもの），活動内容，その活動のねらい，配慮事項やサブティーチャーの動きを明示しておきます。事前ミーティングで内容を共有しておき，指導の際には，いつでも見ることができる状態にしておき，常に参考にしましょう。

評価を共有する

　指導プログラムの中に，その活動の際に子どもがどういった言動をしていたかを書く欄を設けておきます。そこに，指導が終わったときに簡単で構わないので評価しておくことで，次回の活動内容を考える際の参考になります。複数で指導を行う（チームティーチング）で行うときには，それぞれの先生が記入しておくことが重要です。先生によって，子どもの捉えが違うこともありますが，それはそれでとても参考になります。見立て（評価）を共有していくことで，より子どもの実態に迫ることができます。次ページに参考として指導プログラム例を示しておきます。

指導プログラム（小集団）

水　曜日　4　時間目　MT＿＿＿　ST1＿＿＿　ST2＿＿＿

子どもの めあて	・友達と仲良くなろう。 ・自分の得意なことを発表しよう。 ・まなびで頑張りたいことを発表しよう。		
	活動名	活動内容　ねらい	配慮事項　STの動き
4/17 1H 活動内容 ねらい	① 簡単自己紹介 まなびの教室紹介	・自己紹介シートに記入し、発表する。 ・まなびの教室はどんなところかを先生に伝える。	・STも一緒に記入する。 ・書くことが思いつかない場合は、フォローする。
	② なんでもビンゴ	・動物ビンゴを行う。 ・相手意識をもたせて発表させる。	・STも一緒に行う。 ・全てが埋まると終わり。 ・勝ち負けではなく、達成感を感じさせる。
	③ となりの○○○さん	・「~が好きな○○○です。」に続いて「~が好きな○○さんの隣の、~が好きな××です。」と続ける。 ・分からないときには聞くことができる。	・ST1：わからないふりをして、援助を求めることのモデルを示す。 ・ST2：間違える→教えてもらって、ありがとう。
	④ UNO ふりかえり	・順番を待つ。 ・勝ち負けにこだわらない。	・STもともに行う。 ・ふりかえりシートへの記入を支援する。
名前			全体
①			
②			
③			
④			

○○小学校　通級指導教室

22

[通級全体]
個別の指導と小集団活動の組み合わせスキル
切り替えポイントを明確にする

時間の流れを意識する

　個別の指導と小集団活動を１単位時間の中で組み合わせて指導を行うことがあると思います。これまで述べてきた個別の指導や小集団活動の際の指導のポイントは変わりませんが，それに加えて意識しておきたいことがあります。それは，切り替えです。気持ちの切り替えや行動の切り替えがより重要となります。時間の流れを意識して指導を行うことで，切り替えのしやすさも違ってきます。全体の時間と個別の時間が替わるときが，切り替えるタイミングです。効果的に個別の指導と小集団活動を組み込んでいけるとよいでしょう。　以下に，１時間パターンでの時間の流れをまとめます。

　１＜全体＞
○はじめのあいさつ
　気持ちや行動の切り替えを行います。
○その日の活動内容とスケジュールの確認
　全体でのおおまかな活動内容とスケジュールを確認します。
　（個別の時間に取り組むことについてはここでは触れず，「個別」とだけ提示しておきます）
　各活動の開始時間の目安を提示します。
　（個別の活動からの集合時間など）
→個別の時間があまりに長引いてしまうことはよくありません。

子どもに“待ち”をつくらないように時間を設定しましょう。

2＜個別の時間＞

○活動内容の確認

スケジュールとめあてを改めて伝えます。

○個別の活動時間

個別の課題に取り組みます。その中で，最近の話もして，子どもの話を十分に聞きましょう。

○小集団活動の確認

小集団活動で行うことやねらいを再度確認しておきます。活動に対して不安をもつ場合には，この時間にリハーサルをしておきます。

3＜全体＞

○小集団活動　※時間厳守

開始時に活動の内容やねらいを明確に提示します。

活動のふりかえりは，この時間帯に行うとよいでしょう。

4＜個別の時間＞

個別の時間にやりたくてもできなかったことをここで保障します。小集団活動の開始時間は，他の友達との関係もあるので，きちんと守る必要があります。そうなると，中途半端に終わってしまったり，心残りがあったりするかもしれません。それをこの時間を設定することで解消しましょう。また，小集団活動でよかったことなどのふりかえりの時間にもなるとよいですね。

5＜全体＞

○自由遊び　　○おわりのあいさつ

小集団活動の前に，個別の時間を設定し，開始時間などで思い通りにいかない（切り替えなければならない）ポイントをつくり，小集団活動後に個別の時間を設定し，自分の時間を確保したうえで，切り替えたことを認めるポイントをつくると，気持ちや行動の切り替えがスムーズになっていきます。

23

学習のつまずきへの対応スキル
ねらいをしぼって，学年を意識！

限られた時間の中でできること

　通級による指導は，週１〜３回程度が基本となります。限られた時間の中での指導になりますので，通常の学級で行われていることを補充するなど，学習全般を支援するということにはなりません。通級指導教室での指導だけで完結するのではなく，在籍学級での生活や学習での困りの解消を心がける必要があります。また，通級指導教室で指導を受けることで，子ども自身が「自分が頑張ったからだ！」ということや「成果があった！」と感じさせることが求められます。

　あれもこれも取り組むことは難しいので，アセスメントで得られたことを基に，学び方を学ばせる（この方法でやればうまくできる）こと，それを実践できるような課題態勢をつくる（環境調整）こと，本人が学びやすい教材教具の工夫や提案を行う（学びへのアクセス）ことが重要です。

安易に下学年の課題に取り組まない

　学習面でつまずきのある子どもへの支援でよくある例としては，４年生だけれども，漢字が１年生段階のものでつまずいているので，１年生で習う漢字練習をとにかく行う…。１年生で習う漢字が定着していないので，それ自体を否定するわけではありません。しかし，本当にそれだけでよいのでしょうか。子どもにもプライドはあります。また，その学びが在籍学級での困り

の軽減につながるでしょうか。

　大人は，「１年生の漢字が書けるようになることで，今までよりもできるようになっているので成長している。」と捉えるかもしれません。しかし，子どもにとっては，通級指導教室での学びが生かされたとは思いにくいのではないでしょうか。そういった場合，私は当該学年の学習にも取り組んでほしいと思います。

　通級指導教室でかかわっていた当時３年生の男の子のことですが，その子どもは漢字を覚えることがうまくいかず，書くことが難しくなっていました。アセスメントすると，１年生の漢字もよく覚えていませんでした。１・２年生の漢字は，漢字を構成する基礎になるので，それを覚えることはとても大切です。そこで，彼が覚えやすい方法を一緒に考え，１年生の漢字を練習していました。３カ月経ったくらいでしょうか，彼がボソッと「いつになれば追いつくんだ…。」とつぶやきました。その時に，自分の至らなさに気づきました。彼に「通級指導教室での指導を受けても，うまくできない。」という経験をさせてしまっていたと。その後は，１年生の漢字を覚えるという基礎固めと３年生の漢字の予習に取り組み，実際のテスト場面で本人なりにできるという経験を大事にして指導を行いました。しかし，テストですぐに満点を取れるようになるわけではありません。彼なりの目標を立てて，この漢字ならできそうというものを選んで覚え，練習し，漢字テストに臨んでいきました。これまでは「漢字テスト」と聞くと，いやな気持になっていた彼も少し前向きに漢字テストに臨むようになりました。

　ベースをつくることは大事です。しかし，それだけではそれまでの傷をいやすことが難しいと思います。ベースをつくっていくことと今目の前で困っていることに対応していくこと。この両面が学習でつまずきのある子どもへの支援では大切なことだと思います。

　その子なりの学び方を工夫し，苦手だったことに取り組んだら少しできたという経験を積んでいければと思います。得意にはならなくても，子どもは自分なりにできたという経験を通して，自信をつけていってくれます。

24

ADHD への対応スキル
自分を知る，対応する

ADHD の特性を改善させる？

　ADHD の特性があることが問題であるというよりも，そういった特性があることで，生活や学習が困難になっていることが問題なのです。特性は，年齢を重ねることに目立たなくなることはありますが，薄まりこそすれ，なくなることありません。そう考えると，ADHD に限ったことではありませんが，通級指導教室で大切なことは，特性を無くすことではなく，特性とうまく付き合っていくことやその特性ゆえに困っていることを改善していくことではないでしょうか。

自分のことを知る

　まだまだ発達途上にある子どもなので，自分のことを理解するということはとても難しいことです。しかし，自分のことを知って，それに対処していくということは，自己肯定感の低下を防ぐことにもなります。子どもは子どもなりに“うまくいかなさ”として自分の特性を理解していることが多いです。例えば，不注意のある子どもであれば，「ものを失くして叱られる。」「うっかりしてしまう。」などを理解しています。多動のある子どもであれば，「よくガサガサして怒られる。」「授業中に立ち歩いて，座っているのが辛い。」など。衝動性のある子どもであれば，「けんかが多い。」など。しかし，うまくいかなさは理解しているものの，「では，どうすればよいか？」はよ

くわかっていません。そこで，通級指導教室の出番です。子どもの中にある
“うまくいかなさ”を，まずは子どもの外に出していきます。いわゆる外在
化と言われていることです。困難さが子どもの内にある間は，子どもの自己
肯定感を下げ続けます。それを防ぐ意味でも，ものを失くすことが多いＡ
さんからＡさんのたくさんある特徴の中の１つとして，「ものを失くすこと
が多い。」を挙げていきます。そして，それに対して対応を考えていきます。
発達段階としてまだまだ理解できないこともあるかと思いますが，自分を苦
しめている特徴について理解を促していくことは重要だと思います。

対応する

　自分の特徴を知っておくことで，対応策を子どもと共に考えることができ
ます。例えば，「ものを失くしてしまう。」特徴に対して，子どもとアイデア
を出し合います。３年生の女の子との会話です。先生「ものを置く位置を決
めておいたら？」子ども「それは無理だな。それができないから失くすんだ
し。」「そうか。『とりあえず箱』を作っておき，それに入れていったら？」
「アリだな。エアタグを付ければいいかもしれないけれど，全部は無理だ
な。」「でも，大事なものは付けてもらってもいいかもね。」「あー。鍵とかね。
頼んでみよう。」

　全てがうまくいく方法だとは限りません。しかし，通級指導教室でその対
応がどうであったかを振り返りながら，よりよい方法を一緒に考えていくこ
とが重要ではないでしょうか。

　最後に，私の失敗談を。授業中に気になることがあると立ち歩いてしまう
２年生のＢさんがいました。その様子を見て，Ｂさんに思わず「なんでそ
んなになるの？」と聞いてしまいました。Ｂさんはすかさず，「それがわか
れば苦労しない。」と答えました。“なぜ”を聞くのではなく，“では，どう
すれば？”を一緒に考えていくべきだったと反省しています。そんなＢさ
んの名言を最後に。「方法を考えていくと，方法のせいにできる。」

25

ASD への対応スキル
ASD の世界へ飛び込め！

ASD の世界を知る

　ASD のある子どもへの大原則としては，まず自分の常識を疑うということです。我々と違った感覚の世界で生きていると考えた方がよいことがあります。社会的コミュニケーションの障害と言われるような他者理解の弱さ，冗談や比喩が通じづらい，言葉ではなくジェスチャーや表情などの読み取りが苦手などの特徴も，支援者が「こうあるべきだ」というような常識にとらわれてしまうと，子どもに対して無理強いしてしまう可能性もあります。ひいては過剰適応になり，心理的な問題を引き起こしてしまう可能性があります。常同的・限局的行動も特徴として表れ，環境の変化やスケジュールの変更が苦手であったり，特定の物事にこだわりを示したりすることがあります。これに関しても，特性を踏まえて対応しなければ，子どもの困りがより大きくなる可能性があります。また，ASD の方は感覚過敏や鈍麻が見られることがあります。感覚過敏に関しては，「我慢する」「慣れる」ということはなかなか難しいので，周囲の理解が必要となります。ASD の子どもと接するときには，ASD の世界を知って対応することが大前提となります。一人一人の特性は異なり，全員が同じではありませんが，彼らがどのような考え方や感じ方をしているかを慮りながら接することに意味があると思います。私が ASD の子どもと接するときに気をつけていることは，「ASD だから〜」と決めつけるのではなく，「あなたの思っていることや感じていることを教えてほしい。」というスタンスです。異文化を理解するように接してみてください。

子どもの理屈で迫る

　ASD の子どもの多くの場合，情に訴えて何かを伝えても理解してもらえないことがあります。社会性の弱さが見られるため，通級指導教室では，ソーシャルスキルトレーニングの手法などを使って，社会性の育ちを促すこともあります。その場合も，どうすればよいかを考えさせたり，相手がどう思うかを言葉で議論したりしてもあまり意味をなさないことがあります。友達とのトラブルに対する方法を考えた場合，まずはその子どもの理屈で迫る必要があります。「あなたはどういう行動をしたのか。」「それに対して相手は何をしたのか。」「あなたはこう思ったからこうしたのですね。」など，メモを見せるなどしながら，視覚的にも伝えていきます。そして，その子どもの理屈を踏まえたうえで，「では，このとき，相手の人がこう思っていたのかもしれない。だからこういうことをしたのかもしれない。」とその子どもを否定するわけではなく，論理的に話をしていきます。すると，納得できることもあります。曖昧な部分があったり，周囲の理屈だけで話をしたりしてもうまくいきません。本人の理屈で迫っていくことが重要です。

心地よい感覚グッズを見つける

　感覚過敏のある子どもは，常に感覚の波に襲われ，日々辛い思いをしています。たまに，感覚過敏に対応するのは甘やかしだと聞かれますが，何を言っているのか私にはわかりません。そんな中で，感覚入力を和らげる（イヤーマフや偏食等への対応）だけではなく，本人が心地よい感覚を味わえるグッズを一緒に探すとよいでしょう。

　普段のささくれだった気持ちを落ち着けてくれるようなグッズが見つかると，少し過ごしやすくなるかもしれません。子どもの好きな感覚を生かした，いわゆる癒しグッズを見つけてあげられるよう，通級指導教室でもお試し会をやってみましょう。

26

不器用な子どもへの対応スキル
使いやすいものを見つけて調整

運動を細分化する

　いわゆる不器用な子どもの中に，単純に飛んだり跳ねたり走ったりすることはできても，それらが組み合わさるとうまくいかないという子どもがいます。例えば，縄跳びなどでうまくいかない子どもがいます。縄跳びが上手になりたいという願いを叶えるために，縄跳びをそのまま練習しても苦行になってしまう場合があります。その場合は，縄跳びが飛べるようになるためにはどんな運動を行なっているかを細分化して考えます。縄を持った状態で両手首を同時に一定方向に回し，それに合わせてリズムよく跳ぶ。できる人にとっては簡単なものでも，不器用な子どもにとってはおおごとです。まずはその子どもが何につまずいているのか，何ならできるのかを把握します。そのうえで，その場で連続ジャンプの練習，片手で切った縄を持たせ，目標物を倒させるなどして前に回す運動の練習，最後に複数の動作を同時に行う練習を行います。細分化した運動を安定的にできるようにしてから，複数を同時に行います。この調整がうまくいかないので，少しずつ難易度を上げていくなど，スモールステップで指導することが重要です。

「慣れるより習え」

　よく「習うより慣れろ」ということがあります。不器用な子どもの中には，慣れるために何度も練習してもうまくいかないことがあります。その場合に

は，動作を見せて真似させるような手法だけではなく，言語化して習得させる方法もあります。運動会などでの表現やダンスを真似して同じように踊ることが苦手な場合は，「右手を前に，クルンと回して，左へタッチ。」など動きを言語化してあげて，絵描き歌のようにしてあげると理解しやすい子どももいます。

　理屈で説明すると，理解しやすい子どももいます。私が出会った子どもで，とっても不器用な子どもがいました。本人はキャッチボールで投げるのがうまくなりたいとのことでしたが，なかなか上手にボールを投げることが難しい様子でした。そこで，ボールを投げるときには，相手の少し上あたり（頭上1mくらい）に目がけて投げるとよいということ，ボールを手から離すときに先生の合図で行い，リリースポイントを確かめました。すると，少しずつ上手にできるようになってきました。

使いやすいものを見つける

　不器用な子どもの中に，右手と左手をバラバラに使うことが苦手で，定規やコンパスなどの教具を上手に使えない子どもがいます。右手に力を入れると左手にも同じように力を入れてしまい，適度な力加減ができないということもあります。思いっきり頑張れば，少しできることもありますが，そのために使うエネルギーは膨大です。そこで，手先の不器用な子どもに使うと有効なものがたくさん市販されています。学習に限ったことだけではなく，食事や日常生活での困りを改善できる道具がたくさんありますので，それらの情報を提供したり，マッチングしたりすることも通級指導教室の大きな役割です。実は，発達障害関連だけではなく，乳幼児が使いやすい道具，あるいは高齢者が使いやすい道具がとても参考になります。本屋や展示会などでは，広く使えるものはないか探してみましょう。また，運動面の専門家である作業療法士からのアドバイスを受けることで，よりよい方法が見つかります。

27

ニーズから自立活動を検討するスキル
当てはめすぎない

■ 本人のニーズと自立活動

　自立活動の目標を改めて確認しておきます。「個々の児童又は生徒が自立を目指し，障害による学習上又は生活上の困難を主体的に改善・克服するために必要な知識，技能，態度及び習慣を養い，もって心身の調和的発達の基盤を培う。」とあり，その内容が6区分（「1　健康の保持」「2　心理的な安定」「3　人間関係の形成」「4　環境の把握」「5　身体の動き」「6　コミュニケーション」）27項目にまとめられています。目標が大きく，どこから手をつけてよいかわかりませんね。そこで，重要となるのが個別の指導計画です。個別の指導計画は，本人のニーズを基に作成されていますので，もっと言えば，本人のニーズが一番大事だということです。

■ ニーズから考える

　例えば，気持ちを表現することが苦手で，友達との関わりが苦手な子どもがいたとします。すると，子どものニーズとしては，「適切に気持ちを表現する」ということになるかもしれません。言葉で表現するということで考えると，「コミュニケーション」に当てはまるかもしれないですが，「人間関係の形成」も深くかかわってきます。ニーズを基にすると，自立活動の項目が，複数抽出されてくることも多いです。自立活動の項目に当てはめることが目的ではなく，観点をもって指導を行うということではないでしょうか。

学習の困難さはどうするのか

　学習面の困りがあって，通級指導教室を利用することもあります。しかし，先の区分を見ても，しっくりとくる（当てはまる）区分はありません。強いていうならば，「2　心理的な安定 (3)障害による学習上又は生活上の困難を改善・克服する意欲に関すること。」や「5　身体の動き (5)作業に必要な動作と円滑な遂行に関すること。」「6　コミュニケーション (2)言語の受容と表出に関すること。(3)言語の形成と活用に関すること。」あたりが関係しているかもしれません。

　そもそもが，自立活動に関しては特別支援学校学習指導要領のものであり，LD などのお子さんが想定されているわけではありません。当てはめようと思うと無理が生じるので，ニーズから指導・支援の方針を検討するということが現実的ではないでしょうか。

学習に取り組む子ども

28

子どもにぴったりな教材作りスキル
アセスメントが基本

楽しい教材

　通級指導教室で行う指導は，本人の願いを基にしてはいますが，基本的には本人の困りに沿った課題となります。したがって，苦手なことやうまくいかないことにアプローチすることが多くなります。我々でもそうだと思いますが，苦手なことは先送りにし，「やりたい」という意欲は湧いてこないのが普通だと思います。では，どのようにして本人の意欲を引き出せばよいでしょうか。

　基本は楽しい教材だと思います。"楽しい"にも種類があると思いますが，自分の興味関心に沿ったものになっているということ，やったらできたという達成感を味わえるものが挙げられます。

　アセスメントで，本人の興味や関心は把握しています。それを生かした教材を作成しますが，子どもの好きなキャラクターを本人がやりたくないだろうプリント教材に貼り付けるだけでは，"楽しい"教材とはなりません。教師の自己満足です。例えば，カタカナを書くことが苦手な子どもがいて，カタカナを書かせたいとします。そのときに，カタカナ練習プリントに好きなキャラクターのシールが貼ってある。それで励ましになる子どももいるかもしれませんが，弱いですね。好きなキャラクターを書いて覚える。謎解きをすると，好きなキャラクターが出てくるなど，ちょっとした仕掛けが必要だと思います。

　また，達成感を味わわせることも重要ですよね。やっても，やっても，終

わらない，先が見えない教材だと意欲が高まりません。終わりの見通しがもて，成功で終わることができるような教材を作成しましょう。

長所を活用する教材

　自分の好きなことに取り組むと，心に余裕が生まれ，学習するチャンスが生まれます。そういった意味でも，得意なことを生かして教材を考えるとよいでしょう。運動が好き，音楽が好き，絵が好きということも教材に活用できます。対人関係で困りのある子どもがいて，絵が好きだったとします。友達とのかかわりを設定するときに，本人が活躍できるような活動を設定し，教材化します。例えば，絵しりとりなどで，友達に伝えることや順番を待つこと，友達に肯定的にかかわることなどを学びます。

　また，心理検査などで，得意な情報処理様式がわかっている場合には，それも生かしていきます。例えば，漢字を覚えることを考えたときに，継次処理が得意な場合は，筆順を意識させます。同時処理が得意な場合は，イラストなどを活用して覚えていきます。

短所を補充する？

　よくあるパターンとして，聞いて覚えることが苦手なので，そういった機会を増やし，覚えることを練習しようということがあります。しかし，私はこのような直接的な練習をすることをお勧めしません。それよりも覚えることが苦手であれば，それに対してどのように対応策を立てるかを考えます。例えば，3つの言葉を言って覚えさせるとしても，「頭の中で復唱しながら覚えてごらん。」「イラストをイメージして覚えてごらん。」等，どのように活用するかを考えながら教材の作成を行なってみましょう。

　子どもがその教材を使っているときに，笑顔になっているか。それが一番のポイントかもしれませんね。

29

発達理論を生かすスキル
「ちょっと頑張る」をねらう

■「できる」の差

　よく「○○ができる。」という表現をします。しかし，この「できる」ということにもいろんな差があると思います。当たり前に自然とできる。少し意識して行うとできる。頑張ればできる。他のものを無視して思いっきりやればなんとかできる…。小さな子どものことを想像すれば，理解しやすいかもしれません。箸を使い始めた子どもは，初めは箸を使うことだけに集中し，他のものはお預けになって，一生懸命箸を使ってものを食べようとします。徐々に慣れてくると，日常的に頑張って箸を使おうとします。でも，うまくいかないので時々かんしゃくを起こします。その次の段階として，箸を使うことが当たり前になってきますが，ものによってはうまくいかず，スプーンやフォークを使いたがります。そして，食事に集中することで，上手に箸を使うようになってきます。もっと大きくなると，当たり前に使えるようになってきます。子どもの行動を見て，できていると感じることも，実は，思いっきりエネルギーを使っているかもしれません。

　この「ちょっと頑張ればできる」という段階を発達の最近接領域と言われることがあります。発達の最近接領域（ちょっと頑張ればできること）からレディネス（当たり前にできること）に移行していき，人は発達していきます。この段階で子どもが意欲をもって取り組むことができるよう課題設定を行ったり，環境調整を行ったりすることが重要です。

やればできるは本当か？

お笑い芸人のティモンディさんが「やればできる！」とおっしゃって，みんなを鼓舞しています。とっても素敵な言葉で元気が出ます。しかし，私は本当だろうかと思うこともあります。特に，通級指導教室に来る子どもの中には，頑張っても，頑張っても，できないことがある子どもがいます。そんな子どもには，上記の「少し頑張ればできそうなこと」が少なかったり，当たり前にできることに移行しなかったりする子どももいます。そんな子どもに「やればできる」は過酷です。やってもできないので。

私は，通級担当者に必要な力の１つとして「アセスメント力」があると考えています。「現在できること」「少し頑張ればできること」（実はとても頑張っていてできていること）を把握することがアセスメント力の１つです。

これを見誤ると…，「やればできる！」と頑張らせすぎ，子どもは「自分は頑張っても，頑張っても認められない（できない）。」「いつまで頑張れば…。」という思いになり，不登校や無気力，場合によっては反抗的態度などの不適応行動につながることもあります。

30

行動理論を生かすスキル
行動の前後を考えよ！

行動の前にあること

　子どもがある行動をする前には，必ず先行条件があります。その先行条件を変えることで子どもの行動の変容を促すことが可能となることがあります。
　例えば，以下のような状況があったとします。
　Ａ「先行条件」授業中にすることがなくて暇な状況
　Ｂ「行動」　　冗談や汚い言葉を大声で言う
　Ｃ「結果」　　友達や先生からかまってもらって満足（暇の解消）
　このＡ「先行条件」を変えていくと，Ｂ「行動」が変わっていきます。今回では，授業中に暇な状況をつくらないということができれば，このような行動は起こりません。先生のお手伝いとして，何か役割を与える，課題プリントを与えるなどが考えられるでしょうか。子どもの行動そのものは変えにくいですが，その前後にアプローチできるとよいでしょう。

結果を変えていくことで，行動を変えていく

　先ほどの例で考えると，Ｂ「行動」の結果，本人にとっては満足な結果が得られてしまいました。そこで，このような結果をつくらないという方針です。友達や先生もこの子どもの行動に注目せずに無視をするというもの。いったんは，結果を求めるあまり，より行動が大きく表れることが想定されます。それに耐えて無視をし続けられるでしょうか。１対１では，頑張ってで

きたとしても，クラス全員で行うことは難しいかもしれませんね。他に考えられることは，クールダウンを行わせるということくらいでしょうか。しかし，これも危うさがあります。この子どもにとってクールダウンする（その場から離れる）ことが楽しいものになってしまうと，クールダウンしたくて，より問題行動を起こしてしまう（強化因となってしまう）かもしれません。

代わりの行動を教える

　先ほどの例で考えると，暇になったときに問題となる行動を起こしてしまいます。暇な時間ができることはやむを得ないとし，暇な状況になったときに，問題行動ではない別の行動を教えていき，問題のない程度の行動にしていきます。これはみんながやっていることだと思いますが，例えば，授業中に暇になったときには，手元のノートに落書きをする，ペン回しをするなどのスキルを身に付けることもできればと思います。そうすることで，結果的に問題のない範囲で行動に収まればよいのだと思います。

ほめる

　ほめるというと，よいことをしたときだけのような印象がありますが，そうではありません。よくない行動がなくなったタイミングもほめることができます。ポイントは，行動が変わった瞬間です。子どもの行動をよく見て，動き出しを適切にほめていきましょう。ほめられることを心地よく感じる子どもは多いので，ほめることで，もっとほめられたいと思って，望ましい行動が増えてきます。しっかりと子どもがほめてほしいときに，タイミングを逃さず，本人に伝わるようにほめましょう。

　しかし，子どもによってどんなほめ方がよいかは異なります。ハグされるのがよいのか，言葉でほめられるのがよいのか，さりげなくほめられるのがよいのか…。子どもに合わせたほめ方を見つけていきましょう。

31

認知理論を生かすスキル
同時処理と継次処理のアプローチ

PASS 理論

　認知機能に関わる理論として，PASS 理論というものがあります。入力された刺激に対し，「注意（Attention）」が向けられ，その情報が「符号化（Coding）」され，認知されていき，出力されるというものです。その「注意」と「符号化」をコントロールして適切に処理していく「Planning」の機能があります。「符号化」には，さらに「同時処理（Simultaneous Processing）」と「継次処理（Sequential Processing）」があると言われています。

　学習を考えると，新しい情報を入力し，それを頭の中で処理して出力していくという一連の過程を経ていきますので，まさしくこの PASS 理論が当てはまります。

心理検査の活用

　KABC- Ⅱや DN-CAS 等の心理検査を活用すると，子どもが同時処理と継次処理でどちらが強いか（支援に有効か）が明らかとなることがあります。生活しているうえでは，完全にどちらの処理のみを行っているというわけではありません。より高次課題になればなるほど，いずれの処理方法も必要になってきますが，得意な処理様式を生かして支援に当たることは重要です。そのためにも，心理検査を活用することも検討してみてもよいかもしれませ

ん。大人であれば，経験上，いずれの処理様式が得意か理解していることもありますが，子どもは経験も少ない分，そういった客観的な指標を活用します。

同時処理的アプローチ

　複数の刺激を全体的に処理します。刺激間の関係性とまとまりを意識します。パッと見て判断，処理することが得意です。まずは全体の関係性を示して，その後詳細を見ていけるとよいでしょう。文章理解などでは，まずは全体のテーマを踏まえさせ，登場するものや人の関係性を図などで示されると，理解しやすいかもしれません。結論を先に言いたいタイプです。

継次処理的アプローチ

　情報を，１つずつ順を追って理解します。一から順に説明しないと理解できなかったり，表現できなかったりします。パッと見で判断するのではなく，１つ１つ精緻に見ていくことで理解が進みます。文章理解などでは，一から読み進め，１つ１つ順を追って理解します。一から全て説明したいタイプです。

同時処理的アプローチと継次処理的アプローチ
（藤田ら，2000を参照）

同時処理的アプローチ	継次処理的アプローチ
全体を踏まえた教え方	段階的な教え方
全体から部分への方向性	部分から全体への方向性
関連性を踏まえる	順序性を踏まえる
視覚的・運動的手掛かり	聴覚的・言語的手掛かり
空間的・統合的	時間的・分析的

32

チームティーチングを活用するスキル
MT と ST の連携
メインティーチャー　　　サブティーチャー

┃ チーム力を発揮する

　小集団での活動は，子どもが４人から10人程度で行われることが多いと思います。指導に当たる教員もメインとなる先生（MT），サブとなる先生（ST）２～３名程度というのが主流でしょうか。MT は全体の流れをつくり，集団を意識します。一方，ST は集団の流れに子どもを乗せていくことや，トラブルが発生したときに個別に対応することを意識します。以下に，MT と ST の役割についてまとめます。

☆ MT の役割

○全体の子どもの動きを把握し，指示を出す。場の雰囲気をつくる。

○小集団活動におけるめあてやルールの確認を行う。

※子どもの意識が自分に向くように，全体を意識した言葉かけを行う。

☆ ST の役割

○子どもの意識が MT に向くような言葉かけや促しを行う。

○教材準備や環境づくりを行う。

○モデル提示やロールプレイなどの実演を行う。

○トラブルが起こったときに，子どもをクールダウンさせたり，タイムアウトを行ったりする。

※ MT の指示の妨げにならないような声量や立ち位置を意識する。

※子どもの状況を見て，臨機応変に対応する。

※ MT と綿密に打ち合わせる。

　こうしてみると，STの動きが重要なことがわかります。小集団活動を上手に行っているチームは，MTももちろん重要ですが，STがいかに活動内容やねらいを理解し，子どもの状況を的確に把握しているかがポイントになります。事前ミーティングで活動内容とそのねらい，子どものことをMTとSTで共有しておくことが望ましいですね。そのうえで，経験豊かな先生にできる限りSTをお願いするようにすると，小集団活動が成功することは間違いありません。範をもって示す。ぜひよろしくお願いします。

動揺しない

　小集団活動を展開するまでは，個別の指導を行っていて，小集団活動を行ったとたん，人が変わったように，行動が変わってしまう子どもがいます。「個別であんなに落ち着いていたのに。」その片鱗を見せていたとしても，教員がキャッチしていない可能性もありますが，それ以上に，子どもは環境によって大きく変わります。そのことを肝に銘じておく必要があります。そうでなければ，ややもすると子どもを個別の指導のときのように落ち着かせようとするあまり厳しい指導になりかねません。

　小集団活動を行う際に大事なことは，少々の失敗やトラブルは流すということです。指導時間をダイナミックに展開し，大きな流れは変えず，その流れに子どもを巻き込むことが重要です。もちろん，活動のねらいから大きく逸れてはなりませんが，少々の脱線も含めて，大きな流れを意識しましょう。そのためには，子どもの行動で教師が動揺しないこと。デンと構えて，もしトラブル等になったときには，「お～。そうきましたか。」とつぶやきましょう。それだけで，気持ちが楽になります。MTはそのトラブルに注目しすぎずに，STに任せて，集団の流れをつくっていきましょう。チーム支援がうまくいっていれば，STがMTを助けてくれます。STも一喜一憂せずに，迂回してでも構わないので，全体での指導の流れに戻れることを第一に考えて，フォローしましょう。やはり，小集団活動の肝は，MTとSTの連携ですね。

33

ICT を活用するスキル
「意欲喚起・情報保障・代替機器」

意欲を喚起する

　今の子ども世代は，ICT に慣れているいわゆる ICT ネイティブ世代です。生まれたときからデジタル機器に接する機会が多くあり，慣れ親しんでいます。その慣れ親しんだものを使って，教材化することで，意欲喚起につながります。普段は友達と接すること，話し合ったり協力したりすることが苦手であっても，ICT を介在すると，「それならやってみよう！」と思えることもあります。ICT を活用すれば何でもよいというわけではありませんが，子どもの意欲喚起のために，ICT を活用してみましょう。子どもの中には，とても ICT に詳しい子どももいます。自分はちょっと苦手としり込みしている先生がいるかもしれませんが，大丈夫。そういった子どもがフォローしてくれます。恐れずに使ってみてください。

情報保障としての活用

　現在は新型コロナウィルス感染症の感染拡大の影響もあって，学校でも ICT 機器の環境整備が一気に進みました。1人1台，タブレット端末も活用できる状況にあります。日進月歩でどんどん進化しているので，今後はどのように進んでいくかはわかりませんが，今よりも状況が後退することはないでしょう。教科書などもタブレット端末に取り入れ，読むことができるようになってきています。音声読み上げなどもどんどんできるようになってきて

いますので，読みの困難さのある子どもにとっては，それらが活用できると困難さの軽減につながります。理解の弱い子どもは，インターネットなどですぐにわからないことを調べたり，動画を見たりして理解を深めることもできます。

　どの子もタブレット端末の活用ができ，特別感もなくなってきているので，特別な配慮が特別ではなくなってきていますね。一番の壁は，教師の ICT 活用の理解です。子どもがいつでもどこでもアクセスできるような環境になっているでしょうか。「保管庫に常にしまっておき，許可されたときだけ使ってもよい。」等，使い勝手の悪いものになっていないでしょうか。

代替機器としての活用

　板書を写すことや作文などの代替として，ICT を活用することができます。しかし，代替機器として活用するといっても，カメラ機能で撮影するということや文書作成機能で文書を作成する，マインドマップなどにまとめていくなどその活用方法も様々です。子どもに合わせた活用方法を検討し，子どもが実際に取り組んでみて，やりやすい方法を模索していきましょう。また，よい方法が見つかった場合には，個別の教育支援計画などに記載しておき，今後につなげられるようにしましょう。まだまだ理解の低い教員は多いです。支援を行うにあたって，これまでやってきたという事実が必要になることもあります。

　また，ただ ICT 機器を導入すればよいというわけではありません。ノートテイクで活用するとすれば，タイピングの速度は必要になるかもしれません。どれくらいタイピングができるのかを評価することや今後タイピングを行う場合には，タイピング速度を高めるための指導は必要になります。子どもや保護者と相談して，ICT 機器をどう活用するかを丁寧に話し合いましょう。ICT 機器はどんどん進化していますので，常に最新情報を意識しておき，そのときの最適な支援を模索できるとよいですね。

34

二次的な問題へ対応するスキル
原因は教員と心得る

▌二次的な問題とは？

　発達障害が起因して，学習や生活面で何らかの困難さがあり，それに対して適切な対応がなされないことがあります。そうなると，学校生活での適応がより悪くなってしまい，以下のような状態になってしまうことがあります。

❶身体に表れる症状

・「頭が痛い」「おなかが痛い」などの心身症の状態になる。

・チック（頻回なまばたきや首振り，咳払いや奇声を発する）として表れる。

❷行動に表れる症状

・友達とのケンカが増える（仲間関係がうまくいかない）。

・学習など活動を拒否する（怠惰に見えることがある）。

・暴力や暴言（非行傾向等も）が増える。

・学校への行き渋りや不登校が見られる。

❸心に表れる症状

・気分が憂鬱になる。

・気分に波がある。

・無表情になり，感情（喜びも怒りも）を表さない。

・何をやってもつまらない。　　　・眠れなくなる。

二次的な問題を引き起こしているのは？

　そのような二次的な問題を引き起こしている原因は教員です。私は，自戒も込めて断言します。なぜなら，学校の中で，発達障害に対して適切な対応がなされていたら，二次的な問題は起こらないからです。発達障害があるから，二次的な問題が起こるわけではありません。不適切なかかわりがあるから，二次的な問題が起こります。このことを教員は常に意識しておく必要があります。二次的な問題が起こらないように，適切な支援を意識しましょう。

二次的な問題が起こってしまったら

　そうはいっても，色々なことがあって，二次的な問題が起こってしまうことがあります。その場合には，以下のことを意識してみてください。

❶自尊感情の回復

　不適切な対応が続くことで，学校生活全般で自信を失い，自尊感情の低下が著しくなっています。まずは，今一度自分の良さを感じてもらうために，子どもを取り巻く人からほめたり認めたりする機会を設けましょう。「ありがとう」と言われ，人の役に立っている感覚をもってもらうことも大事です。できれば，友達からも認めてもらう場面も設定してみましょう。

❷特性に合った支援

　これまでも子どもの特性に合った支援方法を検討し，支援を進めてきたかもしれませんが，その子どもの特性を再度確認し，その子どもに合った支援を検討しましょう。また，子どもに多くを求めすぎていないかも確認してみましょう。頑張ることは大事ですが，頑張りすぎると二次的な問題を引き起こすこともあります。塩梅はとても難しいですが，適当に頑張れるように今一度現在の状態をアセスメントしなおしてもよいでしょう。

35

校内委員会活用スキル
通級指導教室で抱え込まない

校内委員会の役割

　校内委員会は，どの学校にも設置されています。校内委員会は，特別な教育的支援を必要としている子どもに対して，情報を整理し，これまでの支援の反省と評価，これから行う支援について検討することを行います。子どもの在籍する学級へその子どもやまわりの子どもも含めた支援の在り方や学級経営の方法などを助言するような間接的な支援を行ったり，保護者との相談を行ったりもします。通級指導教室を利用することについても，校内委員会で支援を検討したうえで行うことが望ましいと思います。時に，通級指導教室での支援ありきで，支援を検討されることがありますが，自校の子どもの支援を検討する場合，まずは校内委員会で支援方法を検討していき，その支援の選択肢の１つとして，通級指導教室となればよいと思います。

校内委員会

必ず校内支援委員会で支援方針を検討する

　校内支援委員会では，子どもの支援に関する方針の決定を行います。その中で，通級指導教室を利用している子どもの支援についても当然，検討を行います。通級指導教室を活用するメリットが通常の学級の先生方にも広がってくると，どんどん通級指導教室につながる子どもが増えてきます。それ自体は悪いことではありません。

　しかし，ここで方法を間違ってしまうと，支援の必要な子どもは，通級指導教室に送りこんでおけばよいという理解をされてしまうことがあります。そうなると，子どもにとってメインである通常の学級での支援が進まなくなることもあります。通級指導教室を利用する場合でも，必ず校内支援委員会で支援方針を検討することで，その子どもを学校全体で把握することができます。通級指導教室単独でやっているという雰囲気をつくらないようにしましょう。

校内支援委員会の一員として

　ややこしい話になりますが，通級指導教室担当であっても，その肩書で相談を受けたり助言したりするのではなく，校内支援委員会の一員としてそうするのがよいでしょう。保護者の相談の窓口となる特別支援教育コーディネーターからの連絡を受けて，保護者と相談をするなど，必ず校内支援委員会として活動することが重要です。中には，通級指導教室での支援が適切ではなく，より多くの支援を必要とするケースがありますが，通級指導教室として相談を受けてしまうと，保護者の期待感もあり，他の支援については話をしづらくなる可能性があります。校内支援委員会の一員として相談を受けると，広く子どもの支援方法を模索し，提案することが可能となります。ちょっとしたことですが，通級指導教室で抱え込まないという意味でも，重要なことだと思います。

36

通級指導教室を光らせるスキル
校内での存在感をあらわす

通級指導教室設置校でラッキーと思わせる

　校内に通級指導教室があってよかったと思ってもらえることはとても大事です。管理職や事務職員にすれば，通級指導教室設置校だと，設置していない学校よりも仕事が増えます。「負担が増える。」と思われることもないわけではありません。そこで，通級指導教室が設置されていてよかったと思わせることが重要です。在籍する子どものためになることは当然で，そこに尽力するのはもちろんですが，様々な場面で学校運営にかかわっていき，存在感を示していきましょう。

　通級指導教室や通級職員室に閉じこもっていないで，いろんな人と話し，行事の準備を手伝ったり，困っている先生や職員がいたら手伝ったりしましょう。通級指導教室を知ってもらう草の根活動として取り組んでみてください。私は，もともとの特性もあるのかもしれませんが，指導のない時間は校内をフラフラ歩いて子どもの様子を見ると共に，物品の搬入を手伝ったり，職員室で電話番をしたり，教室や保健室への伝言をしたり，トイレ掃除をしたりしていました。「そんなのは通級指導教室の業務ではない。」と言ってしまえばそれまでですが，先生や職員に何でも屋だと思ってもらえると，子どもの支援の場面でも何でも屋として登場できます。ぜひ，校内に通級指導教室があってよかったと思われるような存在感をあらわにすることから進めてみてください。やはり，人と人とのかかわりが大事です。

通級指導教室を利用していない子ども支援する

　通級指導教室の役割は，通級している子どもへの指導のみではありません。何らかの理由で，通級指導教室を利用していない子どもを支援することも大きな役割の１つです。通級指導教室担当者は，子どもの困りに対して敏感です。通常の学級を見学したときに，いろんなことに気付くかもしれません。子どもが困っていることを担任の先生に伝えることは，１つ間違えると，その先生の支援方針や方法を否定していると思われることにつながりかねません。そんなときには，実際にその子どもを全体の中で支援してみましょう。

　支援することで，子どもへのよりよい支援方法が見えてきて，先生には支援していることも見てもらったうえで，その子どもへのかかわり方を，具体策をもって伝えられるとよいでしょう。（少ないと思いたいですが…）いわゆるベテランの先生で，「特別支援教育なんて知らん！」という先生には，やはり「通級指導教室は役に立つ」と思っていただけることが大事です。そのためにも，通級指導教室担当は，どの子どもにも役に立つ存在であることが求められます。

子どもにも存在感をアピールする

　通級指導教室は子どもにも開かれた存在でなければなりません。休み時間に教室を開放していっしょに遊んだり，子どもの相談に乗ったりして，通級指導教室を子どもにも認めてもらいましょう。大々的に宣伝する必要はなく，数珠つなぎのように口コミで広がっていったり，担任の先生から紹介を受けて話しに来たりしているので十分だと思います。

　困っている子どもは，なぜか自然と近づいてくることが多いです。それをすかさずキャッチしましょう。「どうしたら通級できる？」といろんな子どもが語るようになれば，存在感は十分にアピールできています。

37

先生たちを引き込むスキル
よいところを認めることから始める

子どもを支える複数の先生たち

　学校では，子どもにたくさんの先生たちがかかわっています。在籍学級の担任の先生，校長先生，教頭先生，保健室の先生，担任外の先生，専科の先生，支援員さん，栄養教諭，時には事務職員や用務員さん，もちろん通級指導教室担当教員もかかわっています。通級指導教室を利用している子どもは，いわゆる気になる子として，密接にかかわってもらっています。たくさんの先生たちにかかわってもらっていると，やはりメリットとデメリットがあります。

　メリットは，多くの視点をもつことができ，子どもを多面的に捉えることができることです。子どもは場面によって見せる姿が違いますので，その違いを考察することで，子どもをより深く理解することができます。また，一人の先生との関係がうまくいかなくなってしまったときなどに，他の先生がフォローしてくれることも可能です。特に，"先生"と言われる人以外の職員（事務職員や用務員さん）のかかわりは重要です。彼らを支援に巻き込むことができるかどうかで，学校での子どもの過ごしやすさは大きく異なります。

　デメリットとしては，"船頭多くして…"ということが起こりえます。それぞれの先生たちの思いで行動していると，一貫性が保てず，子どもが困ってしまったり，一番大事な在籍学級の担任の先生との関係性が築けなかったりします。

　そのようなデメリットが前面に出てくることなく，メリットを生かした支援を行っていくためにはどのようにすればよいでしょうか。

▌かかわりのよい点を明確に伝えていく

　それぞれの先生たちがかかわってくれている中で，よく観察すると，それぞれの良さを生かしてかかわろうしてくれています。実は，結構よいかかわりをしてくれています。学校に勤めていて，子どものことを嫌いな人はいません（と思っています）。子どもとかかわる様子をよく観察して，その人となりを踏まえたうえで，よいところ（かかわりのポイント）を伝えましょう。もしかしたら，子どもを思うあまり，不適切なかかわりをしているかもしれません。それについては，まずは目をつぶり，よいところを認め，ほめていきます。徐々に先生たちと関係性ができたときに，少しずつ変えてほしいかかわり方について「こうしてください。」という形ではなく，「こうしてくれると，ありがたいです。」と伝えていくとよいでしょう。まずは，子どもにかかわる先生たちに「かかわってくれてありがとう。」という思いを伝えていきましょう。

▌そのうえで，個別の教育支援計画へ盛り込む

　さあ，これで素地が整いました。もちろん，計画を立ててから，役割分担を明確にしていくパターンもあると思いますが，今ある資源（先生たち）をどのように活用しているか（活躍してくれているか）を，計画に盛り込むというパターンもあります。今できていることを計画に盛り込んでいくと，先生たちは特に大きな負担を感じることなく，子どもの支援に参画しているという実感をもつことができます。参画意識をもつことができるようになると，より子どものことを理解しようと情報共有が進みます。「先生，今日こんなことがあってさ…。」などたくさん話をしてくれるようになります。

　個別の教育支援計画に明文化していくことで，その支援が当たり前になり，次年度への引継ぎもスムーズに行うことができます。先生方を巻き込むには，今あることを認めつつ，参画意識をもってもらうことに尽きます。

38

管理職を巻き込むスキル
活躍の場づくり

管理職の理解

　校長先生は，学校運営の最高責任者です。通級指導教室に対しても，もちろんその責任を負っています。したがって，学校の中での通級指導教室の立ち位置を決めるのは，校長先生であると言っても過言ではありません。校長先生の理解があると，校内の特別支援教育を推進するにあたって，通級指導教室の活躍の場が増えてきます。教頭先生は，先生たちの担任と言える存在です。職員室の雰囲気をつくるのも教頭先生です。また，外部との連携を考えたときに，その窓口を担っています。実務的な部分で通級指導教室を支えていただきます。そのために，通級指導教室担当としては，校長先生や教頭先生に通級指導教室について理解していただくような働きかけが必要です。

通級指導教室の運営方針についての相談

　通級指導教室を学校運営上どのようにしていくか考えることは，管理職の仕事です。しかし，通級指導教室について，管理職が全てのことを把握できているわけではありません。そこで，通級指導教室の運営をどうしていきたいかを，通級指導教室担当者から管理職に伝えていく必要があります。先にも述べたように，最終決定は管理職です。そこで，通級指導教室担当者としては，自分たちの方針説明と共に「相談する」という形で方針を伝えていけるとよいと思います。

　また，「管理職が替わったら通級指導教室の扱いが変わった。」ということがよく聞かれます。そこで，お勧めしたいのは，年度末（学校によって違うと思いますが，次年度の学校運営方針が出される前あたり）に一度管理職に次年度のことを相談しておくことです。さらに，新年度になってからすぐに再度通級指導教室の運営方針について相談しておくとよいでしょう。口頭だけではなく，方針文書も作成し，それを基に相談しましょう。もし，その中で修正点が出てきたときには，修正して確定したものを共有しましょう。年度が替わってからの相談では，「昨年度中に了解は取っているが，確認の意味も込めて」というスタンスで相談されると，管理職の先生にも理解を得やすいです。

通級説明会等での活躍の場を設ける

　どの学校でも年度当初に保護者や本人向けに通級説明会（方針説明や担当紹介など）を開催すると思います。その中で，校長先生や教頭先生にご挨拶をお願いしましょう。挨拶するためには，通級指導教室がどんなものであるかを理解しておかなければなりません。普段どのような指導を行っているかも知っておく必要があります。挨拶してもらうということで，通級指導教室への理解が深まります。

　他校通級の子どもには，「みなさんには，校長先生・教頭先生が2人います。これは特別なことです。どちらの学校の校長先生も教頭先生も，みんなの力になってくれます。いつでも相談してみてください。」と話をします。中には，校長先生自ら「いつでも遊びに来てね。」と校長室の場所を案内してくださる方もいました。子どもや保護者にとっては，これほどの安心感はないですよね。

　管理職の先生も，もちろん子ども好きです。子どもに絡ませていくことで，通級指導教室の運営に巻き込んでいきましょう。

39

開かれた通級をつくるスキル①
実践事例の公開

通級指導教室の指導を知ってもらう

　通級指導教室でどんなことをやっているか知らない先生はとても多いです。知らないがゆえに「遊んでいるだけでしょう？」「居場所，大事ですよね。」「いい息抜きになっているようです。」等と話してくれることがあります。どの先生も全く悪意はありません…。通級指導教室は知っていたとしても，そこで行われている取組を知らないからこその発言です。まずは，何よりも通級指導教室についての取組を知ってもらうことが大事です。

ひろげる交流会

　本当であれば，在籍学級担任の先生にも直接指導を見ていただくことができればと思います。もちろん，そのようにお声かけもしますが，忙しいのでなかなか指導場面を見に来ることは難しいのが現状です。そこで，実践事例公開として「ひろげる交流会」を開催します。

　ひろげる交流会とは，指導場面を動画撮影しておき，それを放課後の時間を使って公開するものです。私は年に２回開催していました。１回目は，個別指導場面の公開，２回目は小集団活動場面の公開です。個別指導場面の公開では，全員分を公開することは難しいですので，一部抽出になりますが，困難の様子が異なる子ども３〜４名の実践事例を公開していました。その際には，ただ動画を視聴するだけではなく，個別の指導計画も参考にしてもら

い，そこでのねらいに迫るための活動であることを理解してもらうように説明していきました。

　小集団活動も同様に行いますが，個別の指導計画の中での重なりなど個別の目標が重なり合って，小集団活動が展開されていることを強調します。このひろげる交流会に参加してくださった先生からは，初めに述べたような感想は聞かれません。自分の担任している子どもではないにしても，自分のクラスの子どもに当てはめ，通級指導教室の取組についてよく理解してくださいます。

　また，通級指導教室の環境等も公開し，日々の指導の様子の記録などを見てもらうと，子どもが実際に指導を受ける場面を想像してくれます。その場でお悩み相談なども行い，より連携が深まった感じを抱きます。

　中には，ひろげる交流会を経て，校内のフォロー体制をなんとか整えて，実際の指導場面を見に来てくれる先生もいます。そうなると，子どももとても喜びますし，通級担当者も大喜びです。

▌こんな子いるんですけど

　ひろげる交流会には，担任の先生や他校の特別支援教育コーディネーターもたくさん参加してくれます。実践事例を公開することで，少し通級指導教室についてのイメージをもつことができ，問い合わせが相次ぎます。「似たようなタイプの子がいます。」や，時には「こんな子がいるんですけど，通級の対象でしょうか？」という問い合わせもあります。特に，他校の場合は，保護者の不安も大きいため，気軽に通級指導教室を勧めることが難しいことがあります。しかし，先生方の通級指導教室に理解があると，具体的にどんなことをしてくれるかを説明できるため，勧めやすいようです。実際には，あまりやりすぎると，どんどん通級児童が増えてしまって，自分の首を絞めることになりかねないのですが，子どものためなら頑張れます（働き方改革に逆行していますね…）。

40

開かれた通級をつくるスキル②
指導場面の公開

▌日常的に公開する

　「いつでも参観してください。」といくら伝えていても，「泣いた赤鬼」の
ようで，実際にはなかなかハードルが高いものです。本当であれば，フラッ
と子どもの様子を見に来てくれるくらい，在籍学級の担任の先生には気軽に
来てほしいものです。保護者にしても同じです。子どもによっては，保護者
に見てもらうことでおだつ（北海道弁：テンションが上がって騒いでしま
う）子どももいますが，百聞は一見に如かずなので，できる限りいつでも指
導の様子を見てほしいと思っています。

　そこで，そのきっかけとして「参観週間」というものを設けています。参
観週間では，子どもの様子を見に来てくださいと積極的に先生たちや保護者
にお知らせします。「いつでもどうぞ」はなかなか難しいものの，設定され
ていると参観してみようと思うのが心情のようで，たくさんの保護者や先生
たちが参観してくれます。通常の学級の参観日と同じで，特別なことはしな
いで，できるだけ日常と同じことを行います。そうすると，子どもも緊張し
なくて済みます。日常的に見てもらう素地が整っていると，子どもも見られ
ることが当たり前になるので，どんな人が来ても welcome です。また，
知り合いの先生や保護者を小集団活動で見本を示すときに活躍してもらった
り，一緒に活動してもらったりすると，子どもは大喜びです。教室のドアを
開け放ち，日常的にフラッと公開できるようにしておきましょう。

学校の実践発表会等で公開する

　どの学校にも，数年に１回（または毎年？）実践発表会が開催されているのではないでしょうか。それに合わせて，通級指導教室も公開します。中には，個別の事例なので公開にはそぐわないと考える先生もおられるようですが，それはどの子であっても同じです。そんなことは公開しない理由にはなりません。もちろん，人から見られることに対して不安の強い子どももいますので，そういった子どもではなく，人に見られても平気である（むしろ見られたい）子どもに協力をお願いするとよいでしょう。もちろん，事前に保護者や本人の了解は必要です。関係ができていると，公開を嫌がる方はほとんどいません。

　リアルタイムで指導場面を公開すると，通級指導教室担当者も鍛えられ，指導力が増します。実際の指導場面を公開することは勇気がいるかもしれませんが，ぜひチャレンジしてみてください。得られるものは想像以上です。

誰にでも公開する

　大学の授業の一環や先生たちの研修で指導場面を見学したいということ，行政や市議会議員などが見学したいということが多々ありました。私としては，指導場面はおおいに公開すべきだと考えています。もちろん，事前に保護者や本人に了解を得る必要はあります。実際に指導場面を見ていただくことで，通級指導教室への理解が深まり，より広がりを見せていくものと考えています。

　ただし，訪問に際して，１回１回資料をつくると，通級指導教室担当の負担は大きいので，資料は年間通じて同じものが活用できるよう，準備しておくとよいと思います。やはりただ見学してもらうだけではなく，実際にいっしょに活動して，身をもって通級指導教室を理解してもらいましょう。

41

通常の学級との連携スキル
通常の教育課程を理解する

どの子も通常の学級に在籍している

　通級指導教室に通う子どもは，どの子どもも通常の学級に在籍しています。その大前提を押さえておく必要があります。通常の学級に在籍しているということは，通常の教育課程を基に日々学んでいます。子どものことを個別詳細に理解することは，通級指導教室では十分にできると思います。子どもが日々困るのは，通常の学級でのことです。そこで，通常の教育課程を知っておくことで，子どもが，特性があることで，どこでどのようにつまずくかを事前に予測しておき，対策を立てることが可能となります。

特別支援教育の専門だからわからない？

　最近はあまり見られなくなりましたが，少し前には，校内の授業研究会に参加して意見を求められても，「私，特別支援教育が専門だから，通常のことがよくわからない。」と平気で言う人がいました。恥ずかしい限りです。特別支援教育の専門性は，ベースとなる通常の教育の上に付加する形で存在しています。

特別支援教育の専門性

通常の教育

授業研究会に参加する

　日常的に，様々な学校で公開授業研究会を行っています。そういった授業研究会に参加して，通常の教育課程を学ぶ機会をもってもよいでしょう。通常の学級の教員ではないので，（先の例の先生ではありませんが）正直わからないことも多いと思います。そこで，そういった研究会に参加するときには，事前に参加する公開される授業の内容を理解しておきましょう。系統立てて理解することが通常の教育課程を理解するうえでは重要になりますので，学習指導要領の教科の目標を，段階を追って読んでおくことやその前後の単元に目を通しておきましょう。そして，その教科を専門とする参加している先生方の意見を参考にしましょう。できれば，自分なりに教科の観点からの疑問を考えておくとよいでしょう。隙があれば，ぜひ質問してみましょう。大丈夫。みんな先生なので，とんちんかんな質問をしても許してくれます。

専門性のある先生に尋ねる

　とはいえ，全体を網羅していくことはとっても難しいです。そこで，それぞれの教科の専門性をおもちの先生と友達になっておきましょう。国語のことであればA先生，算数のことであればB先生等，いろんな先生と友達になっておくと，わからないときにいつでも聞くことができます。特別支援教育の視点だけではなかなか出てこなかったアイデアが出てくることがよくあります。それは，教科のねらいが明確であるからかもしれません。

　あるとき，算数でつまずきのある子がいました。その子のつまずきについて，算数の専門性のある先生に尋ねると，何が理解できていないからつまずいているかを明確に教えてくださいました。

　やはり，餅は餅屋。そのつまずきへのアプローチ方法を考えるのは，特別支援教育の専門性です。教科教育の専門性と融合できると，最強ですね。

42

特別支援学級とつながるスキル
支援の必要度は？

▌特別支援学級のことを知る

　特別支援学級と一口に言っても，知的障害特別支援学級や自閉症・情緒障害特別支援学級など様々な障害種があります。また，基本的には個に応じた教育課程を編成していますので，特別支援学級とはこうだ！というものはありません。それぞれの学級で，本当に千差万別です。ぜひ自分の学校の特別支援学級については，その教育課程編成やクラスの様子，どのような支援を行っているかをよく理解しておいてください。また，他校の子どももいると思いますので，可能であれば，自分が担当する地域の学校の特別支援学級については，現状を理解しておくとよいでしょう。また，できれば，その特別支援学級の先生と知り合いになっておき，何かあれば連絡が取れる状況にしておきましょう。多くの場合，特別支援学級の先生がその学校の特別支援教育コーディネーターに指名されていることが多いので，一石二鳥です。

▌通級指導教室と特別支援学級の違いとは？

　通級指導教室と特別支援学級の違いについてよく聞かれます。これは通級指導教室というものが，あまり馴染みがないからでもありますが，個別的にかかわることができるという支援・指導の形態が似ているからかもしれません。通級指導教室は，最大でも年間280時間（週単位では８時間）の指導（ただし多くの通級指導教室は週１〜３単位時間）で，ほとんどを通常の学

級で過ごします。一方，特別支援学級はそれ以上の時間で個に応じた支援が可能となります。また，通級指導教室では，その短い時間の中で支援の流れをつくっていきますので，どうしてもあわただしさが伴います。一方，特別支援学級では，1日，1週間という長いスパンで支援のリズムをつくることが可能となり，ゆったりと考えることができます。

したがって，通級指導教室と特別支援学級との違いを考えると，その支援の必要度やリズムの違いが大きいでしょう。

通級指導教室から特別支援学級への移行

子どもの在籍学級での適応状況などから，個に応じた支援の必要度が大きくなり，特別支援学級に移行する子どももいます。その際には，通級指導教室担当者がコーディネートしていくことも多いでしょう。実際に子どもが移行する予定の特別支援学級について何も知らないまま，「特別支援学級はこうです。」といった一般論だけで話をしてしまうと，後々「説明されたのとは違う。」等のトラブルになってしまうことがあります。保護者や本人に見学を勧める場合でも，事前情報として，一般論だけではなく，当該学級について話をしておくと，安心感をもってもらえます。また，そのときには，「○○学級の△△先生，知っているよ。」と伝えると，より安心感をもってもらえます。

「学習についていけないから。」「担任の先生とうまくいかないから。」というような単純な理由で特別支援学級に移行すべきではないと考えます。もちろん通級指導教室で最大限支援することは重要ですが，私の移行の基準としては，子ども自身が「やれている感（学習や生活における達成感）」「居場所感」をもっているかどうかだと思っています。万全にうまくいっていなくても，その2つがある程度保証されていると，自己肯定感を下げることなく通常の学級で支援を受けながら本人らしく過ごせるかもしれません。しかし，それが保証されないと，やはり支援の必要度が高くなってしまうと思います。

43

中学校・高校とつながるスキル
切れ目のない支援

通級指導教室同士の引継ぎ

　小学校で通級指導教室に通っていて，中学校でも継続して通級指導教室を利用することがあると思います。その場合には，通級指導教室同士で個別の指導計画を基にして，引継ぎを行います。ステージが替わるので，同じことをそっくりそのまま行うわけではありませんが，これまでの指導やどのような配慮がなされてきたかは丁寧に時間をかけて，引き継いでいきましょう。時折，小学校から中学校，中学校から高校へとステージが替わるときに，改めて生育歴や相談歴を問われるなど，保護者にとっては「前も言ったのに…。」というような事態が発生することがあります。ここで，十分に引継ぎが行われていると，保護者に安心感をもってもらえます。

　また，事前に進学先に本人と保護者が相談に行く機会を設定しましょう。できれば2学期の間には進学先の通級指導教室とつながりをつくっておければと思います。いろんなことが新しくスタートする中において，事前に見通し（場所や人，内容）をもっておくことで，不安を少しでも軽減しましょう。担当者同士の関係も築いておくことも重要です。信頼できる先生の知り合いというだけで，保護者や本人には安心感を与えます。やはり，ネットワークは大切ですね。

通常の学級同士の引継ぎ

　通常の学級でも当然引継ぎは行われます。その際に，保護者に了解を得たうえで，個別の指導計画や個別の教育支援計画を基に引継ぎを行ってもらいます。事前に通級指導教室から引継ぎの際に，それらを基に引き継ぐように在籍学級担任に伝えておく方がよいでしょう。年度末は様々な業務があり，在籍学級担任の先生もとても忙しいです。普段子どものことを気にかけてくれていても，細かなことを忘れてしまうこともあります。それは仕方ありませんので，通級指導教室担当として，リマインド機能を果たしていきましょう。

　場合によっては，通常の学級同士の引継ぎに通級指導教室担当が同席してもよいかもしれません。そのときには，在籍学級担任のサポートという意味合いで同席し，子どものことを伝えるのも基本的には，在籍学級担任です。通級指導教室担当が前面に出ていくことは避けましょう。通常の学級でできる配慮等は，やはり，在籍学級担任の仕事です。それを支えるのが通級指導教室であることを忘れないようにしたいものです。

基本的には，子ども本人や保護者が伝える

　子どもが支援の主体であることは間違いありません。また，それを支える保護者も中心となります。中学校や高校へどういった支援を求めるのかは，子ども本人や保護者が伝えるべきであろうと思います。ただ，それを任せっきりではうまくいかないと思いますので，どういったことを進学先に伝えていくかを事前に話し合ってまとめていく作業を，子ども本人・保護者としておくことが大事です。紙面にまとめていけるとよいですね。通級指導教室担当が，代弁者となって伝えに行くことは簡単です。しかし，基本的には，子ども本人や保護者が話に行くほうがよいでしょう。不安があって，その話し合いに同席を求められることもあるでしょう。その際にもあくまでサポートであるということを忘れずに，子ども本人や保護者が話しやすくなる雰囲気づくりに徹するようにしましょう。

44

共同戦線を張るスキル①
保護者との連携

保護者の思いを共有する

　困りのある子どもの保護者は子どもと同じように困りをもっています。む
しろ，子どもよりも悩みを抱えているかもしれません。保護者は様々な思い
を抱いてこれまで子育てしてこられています。まずは，それをねぎらいつつ，
これから協力して子どもの育ちを支えていくことを伝えていければと思いま
す。保護者に「この人になら自分の思いを話してみてもいいかも。」と思っ
てもらうことが重要です。いきなり専門家気取りでアドバイスしてもうまく
はいきません。

　保護者は，保護者の目を通して子どもを見ています。通級指導教室担当と
して客観的に「それは違うだろう。」と思うこともあるかもしれません。し
かし，保護者の文脈ではそれが正しいのかもしれません。まずは，否定する
ことなく保護者の話を聞いていきましょう。

専門家同士として話を聞く

　連携の一番のポイントは，対等であるということです。一方的にどちらか
からアドバイスするというような関係ではありません。これは，保護者との
連携においても同じです。通級指導教室担当は教育や発達，特性に関しての
専門家かもしれません。保護者は，その子どもの子育ての専門家です。その
子どもの日常生活を支えています。子どもの性格もよく知っています。家庭

での支援の主体は，保護者です。それを忘れないようにしましょう。

子どもの困りを解消するために

　学習面での困りを抱えている場合によくあるのは，家庭でも学習に取り組みすぎて，子どもと保護者の関係が悪化しているケースです。保護者も子どもの困りを少しでも解消しようと，いろんなことに取り組んでいます。もちろんそれ自体が悪いことではありませんし，素晴らしいことだと思います。しかし，学習面で困っている子どもの多くの場合は，その方法が適していないことが多くあります。子どもに適した方法でなければ，うまくいかないどころかより学習に自信を無くしてしまいます。通級指導教室担当としては，さまざまなアセスメントの結果を駆使し，子どもに適した支援方針を立てますので，それを家庭でもできるスタイルに変更し，それを実践してもらうようにしましょう。しかし，やりすぎはよくありません。一生懸命な保護者の方であれば，やりすぎてしまう傾向がありますので，保護者の様子も見ながら，共同戦線を張って，子どもの困りを解消できるようにしていきましょう。

具体的に考える

　保護者の困りを解消するために，生活全般をざっくりと聞くのではなく，場面を区切って整理するようにしましょう。例えば，いつもやるべきことをやらないという訴えがあったときには，「朝の支度の場面ではどうか？」など限定してどんな様子かを聞いていきます。そのうえで，うまくいったときのことを聞き，それを言語化していったり意味づけしていったりします。保護者のアイデアを基に具体的な支援方法を検討していくとよいでしょう。案外？　よい方法を編み出してくれます。「それならできそう。」と思ってもらえるような方法が示されるとよいですね。

45

共同戦線を張るスキル②
在籍学級担任との連携

主たる支援者は在籍学級担任の先生である

　通級指導教室は，通常の学級の中での配慮や支援だけではその改善や克服が十分ではない子どもに対しての指導を行います。ということは，通常の学級での学習・生活がメインとなります。このことは肝に銘じておくべきです。いくら理想を語ったり，素晴らしい支援方法のアイデアを考えたりしても実践するのは，在籍学級担任の先生です。

　在籍学級担任の先生の協力無くして，その子どもは幸せになりません。いかに，連携を図っていくかが重要なポイントになります。

他にもっと困っている子がいますパターン

　通常の学級担任の先生と通級指導教室に通う子どもについて連絡を取ったときに，「他にもっと困っている子がいます。」と言われることがあります。そのときに色々と思うことはありますが，視点を変えてみます。それだけ日々の指導に悩まれ，ご苦労されているんだなと。そう考えると，通級指導教室に通う子どもだけではなく，その学級にいる子ども全員について，一緒に考えてみようというスタンスにもなれるのではないでしょうか。

　授業参観などをしていると，確かに気になる子どもは，他にもたくさんいます。授業参観後に，在籍学級担任の先生と話をする場面では，「Ａさん（通級している子ども）以外にも配慮の必要な子どもがいますね。先生，

日々よくやっていらっしゃいますね。」とまずはねぎらいです。そのうえで，その子どもたちも含めて，学級全体としてどうしていけばよいか，担任の先生が楽になるかを話し合います。通級指導教室側からの一方的な助言やお願いはご法度です。先生も子どももハッピーになれるよう，話し合いを行いましょう。

担任の先生の見立てを大切にする

　通級指導教室で見せる姿と在籍学級で見せる姿は，大きく異なります。それを共有することも大事ですし，基本的には在籍学級の先生と連携する際には，在籍学級での様子を基に話し合いを行います。「通級ではこんな姿（良い姿）です。」ばかりでは，担任の先生が自分の指導について批判されているように感じてしまったり，自信を無くしてしまったりもします。担任の先生が子どものことをどう捉えているかを大事にし，まずは尊重しましょう。そのうえで，「見方を変えると…。」と通級指導教室担当としての専門性を少し発揮していきましょう。

子どものよいところを共有する

　連絡帳などを活用して，子どもの様子を交流している通級指導教室も多いと思います。連絡帳を「子どもが見るものである」という前提に立ち，通級指導教室や在籍学級でのよいところを伝え合うツールになればよいと思います。そうすることで，担任の先生も子どものよいところを見つけようとして下さり，それが担任の先生と子どものよりよい関係づくりに貢献していることもあります。したがって，事前に，子どもの困った行動についてはメールや電話でやり取りすることを担任の先生と約束しておきましょう。また，担任の先生から連絡が来るのを待つだけではなく，自分から連絡してみましょう。常日頃から連絡を取って，顔見知りになっておくことが一番の連携です。

46

他機関と連携するスキル①
医療機関との連携

対等な立場であるということ

　医療機関との連携に当たっては，医師と話をすることもあるかもしれません。医師は偉い存在で，何かアドバイスをもらうという上下関係のように理解している方もいますが，そうではありません。医療機関だけではなく，連携の基本ですが，相手の立場を尊重し，対等であるということが重要です。教員は，教育の専門家として医療機関との連携も進めるべきです。特に，学習に関して困難のある子どもに関しては，教員が教育の専門家としてイニシアチブをとるべきです。もし，医師と教員の関係を上下関係のように感じている場合は，日々の自分の実践に自信が無いのかもしれませんね。医師とも対等に話し合いができるレベルまで自信をつけるため，自己研鑽を積んでいきましょう。

それぞれの得意な領域がある

　先ほど書いたように，教員の専門性は学習支援に関することや学級規模の集団活動へのアセスメントだと思います。学校での子どもの見立てをベースに医師とも話をしていくとよいでしょう。一方，医師の専門性としては何でしょう。障害特性に関わる脳機能のことや投薬治療，また精神疾患関連でしょうか。中には，医師自ら子ども本人や保護者にカウンセリングを実施する場合もあります。その医療機関によっての得意分野があります。あの医療機

関では，学習面のアセスメントを丁寧に行ってくれる，あの医療機関では，運動や感覚のアセスメントを丁寧に行ってくれる等。それぞれの医療機関の得意分野を基に，医療機関につなげていくことも重要です。

リハビリテーション専門職の存在

　医療機関によっては，心理士や作業療法士，理学療法士，言語聴覚士等がリハビリテーション専門職として存在している場合があります。子どもによっては，このリハビリテーション専門職の方々の支援がとても有効な場合があります。医師との連携も重要ですが，実はこのリハビリテーション専門職との連携が一番重要ではないかと私は思っています。子どものことを直接アセスメントして支援しているので，アセスメント情報を共有することにも大きな意味がありますが，そのアセスメントに対して，どのような指導を行うかということも話を聞くだけでも参考になります。しかし，できれば実際のリハビリテーション場面を見学させてもらうとよいでしょう。リハビリテーション専門職の方の指導は，アセスメントから指導が明確でわかりやすいです。そういった場面を見るたびに，自分の指導がそうなっているかをふりかえるよい機会となっていました。

　また，環境調整も大事な観点としてもっていますので，リハビリテーション専門職の環境調整の提案を実際の学校場面に落とし込んでいく作業を，教員が教育の専門家として行っていく必要があります。

　リハビリテーション専門職の方と連携していくためには，保護者や本人の同意はもちろんですが，医師の同意も必要となります。手順をしっかりと踏んで，子どもにとってよい連携を行ってください。様々な視点で，子どもを多面的に捉えていくことで，より子どもの困りを解決できることができていくと思います。

47

他機関と連携するスキル②
福祉機関との連携

発達障害支援における福祉機関とは

学校との連携を考える主な福祉機関といえば，放課後児童デイサービス，発達障害者支援センター，児童相談所が主なものとなるでしょうか。それぞれの役割や内容について簡単に説明します。

○放課後児童デイサービス

主に放課後の時間帯に，学習や遊び，社会スキルの向上などを目指して支援を行っています。療育的な支援を行っている事業所も多く，子どもにとっての放課後の居場所でもあり，支援機関でもあります。事業所によっては，放課後児童デイサービスの活動と合わせて，保育所等訪問支援事業を行っているところもあり，学校との連携が欠かせません。

○発達障害者支援センター

発達障害者支援センターの役割は多岐にわたりますが，学校との連携を基に考えると，子どものアセスメントや保護者支援，環境調整が大きく関係します。また，教員研修なども行っており，専門家養成として役割も大きいです。

○児童相談所

福祉サービスを受けるときに相談を行ったり，その情報提供を行ったりします。療育手帳などを取得する際にも，児童相談所で判定します。また，家庭支援を考えたときに，必要に応じて，児童保護や関係機関への措置を検討します。

教員の悪い癖？

　放課後児童デイサービスの職員の方と話をしていて，よく話題になること
ですが，教員の悪い癖？　なのか，医師には下手に出るくせに放課後児童デ
イサービスの職員の方には強く出るということがあります。嫌ですね。その
上下関係をつくりたがる癖。繰り返しになりますが，連携のポイントは対等
な関係です。

学校の門戸を開く

　学校と放課後児童デイサービスの連携においては，子どもの様子を交流す
ることから始まります。可能ならば，放課後児童デイサービスでの様子を見
学に行き，子どもの様子を交流しましょう。

　また，同時に，放課後児童デイサービスの職員の方にも学校での様子を見
ていただくとよいでしょう。場面が違えば，子どもの様子も異なります。そ
れらを共有することで，それぞれの立場で何を支援するかが明確になってき
ます。学校で目指すこと，放課後児童デイサービスで目指すことを分業して
行うことも場合によっては必要です。中には，同時に保育所等訪問支援事業
を行っている場合があります。それを活用して，子どもの学校での困りを改
善することも可能となってきます。ケース会議などに放課後児童デイサービ
スの職員の方に来てもらうことも，子どもの支援を考えるうえで，とても有
効です。

　放課後児童デイサービスでは，長期休業中の子どもを支えてくださってい
るところもあります。長期休業中こそ，研修のよい期間となりますので，ぜ
ひいろんな事業所を見学に行ってみるとよいのではないでしょうか。それぞ
れ特色のある活動をされています。子どものイキイキとする姿を見るのは，
とっても楽しいですよ。

48

校内研修会開催スキル
疑似体験プログラムや事例検討

校内研修会の内容を検討する

　校内研修会と考えると，通常の学級の先生方に向けての内容が大きくなります。その研修会の内容としては，基礎的な内容としての特別支援教育についての理解啓発活動，通級指導教室設置校としての通級指導教室に関する理解啓発活動，実際の子どもに関する事例検討など様々あるかと思います。

　基礎的な内容としての特別支援教育についての理解啓発は，特別支援教育の概論や障害特性についての理解，合理的配慮など最近の動向などを伝えていくことがメインとなります。

　私は，LD 学会で発刊している「疑似体験プログラム」なども活用して，基礎的な理解を深めるようにしています。

　通級指導教室に関しての理解啓発は，まずは通級指導教室を知ってもらうことが重要なので，施設見学や指導場面の公開等を行います。合わせて，子どものケース会議に通常の学級の先生方に参加してもらうなども有効な方法の１つです。

　もっとも重要なのは，実際の子どもに関する事例検討だと思います。研修を通して，先生方が高め合っていき，子どもの支援に還元できれば最高ではないでしょうか。その開催方法について，少し具体的にお話できればと思います。

校内支援委員会として開催する

　事例検討を中心とした研修会を開催したときに，交流のゴールが見えず，愚痴大会になってしまうことが多くあります。それはそれで意義深いのかもしれませんが，別の機会を設けましょう。校内研修会を校内支援委員会が主催して開催します。校内支援委員会が主催ということは，子どもの実態把握と支援方針の決定，具体的な手立ての検討が中心となりますので，ゴールは明らかです。研修会で交流して，その子どもにどう支援していくかです。

具体的な流れ

　学年ごとやブロック（低学年・中学年・高学年）に分かれて，事前に配布しておいた対象児童の個別の指導計画のアセスメントを中心に，担任に２～３分で話題提供してもらいます。それを基に，付箋などに端的に質問項目を記入していきます。それに答える形で，担任からのアンサータイムを５分程度行います。その後，具体的支援方針について，１人１つはアイデアを出してもらいます。次に，担任にその中でできそうなこと・やってみたいことを表明してもらいます。これでだいたい15分程度です。それを数ケース行います。はじめは，なかなかうまくいかないと思いますので，その話し合いをコントロールし，調整するのを通級担当者が行うとよいでしょう。ポイントとしては，長々と話さないこととアイデアを出し合うこと。教員はしゃべり好きが多いです。それを整理するためにも，一度付箋に書かせることをします。書いていないことを話し出したら，躊躇せずに制止しましょう。

　「うちのクラスでは…。」という人（私は「ではの守（かみ）」と呼んでいます）がいます。そのときには，「この子の場合はどうでしょう？　アセスメントはどうでしたか？」と対象の子どもの話に戻しましょう。アセスメントから支援の流れを研修会でつくれば，勝手にみんなで高め合っていきます。

49

保護者学習会開催スキル
横と縦の交流

横の交流をつくる

　通級指導教室に通う子どもの保護者は，日々なかなか自分の子どものことを話して交流する機会が少ないようです。クラスの他の保護者に困りを話しても「そんなことないじゃない？」「普通だよ。」「どこが障害なの？」等，励ましてくれているつもりだと思いますが，理解してもらえないことで，傷ついてしまうことがあるようです。

　通級指導教室に通う子どもは，他者には見えづらいかもしれませんが，なんらかの困りを抱えています。困りに違いはあれど，"理解されづらい"ということは共通しているかもしれません。もちろん共通する困りもあると思います。

　そこで，保護者同士の交流（横の交流）をつくるための学習会を開催してみましょう。ただ「話をしましょう。」ではうまくいきませんので，仕掛けとしての学習会です。通級指導教室担当者による子どもとのかかわりに関する学習会を前段に少ししてから交流をする，子どもが普段通級指導教室で活動している内容を少し体験してから交流するなどすると，それをネタにして盛り上がるのでお勧めです。また，夏休みなどの長期休業前での学習会では，「休み中の過ごし方をどうしているか」「宿題への支援の仕方」などの話題を提供するだけでも十分盛り上がることもあります。

縦の交流をつくる

　保護者の方に好評だった学習会は，先輩保護者の話です。これはたくさん実施しました。中学校に通っている子どもの保護者，高校に通っている子どもの保護者，大学等に通っている子どもの保護者，特別支援学級に移行した子どもの保護者，通級指導を途中で終了した保護者…。

　これは会を設定するだけで，みんな質問したいことがたくさんあるので，成立します。ただ，事前に（折に触れて）「子どもの実態が異なるので，全ての子どもに当てはまるわけではない」ということを伝えていくことが必要になります。

　ゲストスピーカーとして協力してくれる保護者を探すことは大変ですが，通級指導を進学等で終了するときに，ただ終了するのではなく，今後そういった機会に協力いただけるようにお願いしておきましょう。また，進学などのタイミング等で，メール等でやり取りを行い続けておくと子どものその後の様子を知ることもできてよいと思います。

子どもの話を聞く機会をつくる

　実際に現在通級している子ども自身に話を聞く機会を設けることは，なかなか難しいと思います。そこで，卒業した子どもに，現在通級している子どもの保護者に話す機会を設けました。子ども自身が通級していたときの思いを語ることで，保護者自身が何に気をつければよいか，通常の学級での過ごし方をどうすればよいか等を考えるよい機会となりました。

　学期ごとに保護者のニーズを聞きながら，学習会を開催してみてください。そのときに，なんらかの交流ができる場面を設定してみましょう。実は，それが保護者にとって一番の学びかもしれません。

50

通級指導終了スキル①
保護者との相談

終了のタイミング

　通級による指導を終了するということは，子ども自身が成長し，通級指導教室による支援がなくても，通常の学級で頑張れるということで，とても喜ばしいことです。しかし，通級指導教室担当から子どもの様子を見て，「そろそろ終了だ。」と思っても，保護者にしたらまだまだ不安が残って，「終了しよう。」と踏ん切りをつけられないということはよくあります。では，どのタイミングで，終了についての相談を始めていけばよいでしょうか。

　子どもの様子を見て考えるということが基本にはなると思いますが，最低限，終了予定時期の半年前からその準備は必要だと思います。子どもの成長を，個別の指導計画の評価の際に，保護者と共有していると思いますが，そのタイミングで終了について切り出すのが一番保護者も理解しやすいかもしれません。自治体によっては，通級による指導の年限を決めているところもあるようですが，年限がない場合には，保護者としても子ども本人としても通級による指導は，ずっと続くと思っていることがあります。もちろん，必要ならば続けていくことになりますが，通級による指導における目標を達成した段階で，終了していくことは考えていきましょう。それぞれのステージでの困りは出てくるかもしれませんが，支援の手を少なくしていき，子ども自身で困りを乗り越えていったり，必要に応じて支援を求めていったりするようにシフトしていきましょう。

成長を共有する

　子どもの成長を共有することは大事なことで，個別の指導計画の評価の際には十分に行われていることと思います。そのときに，子ども自身が学習や生活において，自分なりの方略を見つけ，それを実践する姿を伝えていきましょう。「子ども自身で困りを解消できる。」という状況，あるいはその芽生えを共有します。保護者から見ても，同様のことがないかも確認します。

　家庭での状況や在籍学級担任の先生との話で，そのように感じることはないか，逆に言うと，そういった様子が見られないのに，終了するということはあり得ません。成長を感じてもらうこと，終了を目指すときには，これをいつも以上に大事にしましょう。

安心感をもって終了する

　保護者は，通級指導教室からの支援がなくなってもやっていけるかどうか，不安になります。そこで，通級頻度を少なくしていって，それでも大丈夫だったという実感をもっていただきます。また，終了してからも通級指導教室とつながっていて，いつでも相談に来ても構わないということ，いつでも通級による指導を再開できることを伝えます。経験上，晴れて終了した子どもで通級による指導を再開したことはありません。安心感をもって終了すれば，保護者・本人と必要に応じた不定期の相談だけで，十分支援が足りるようです。

　私は，保護者に安心感をもってもらうために，最後に伝えるようにしていることがあります。「私にかかわってしまったので，終了しても，卒業しても，どこに行っても，ずっと〇〇さんは私の子どもです。何か困ったことがあったら，いつでも連絡してください。」そう伝えますが，幸いなことに？それぞれのステージで新しい支援者と頑張っていることが圧倒的に多いです。

51

通級指導終了スキル②
在籍学級担任との相談

▍在籍学級での適応が一番大事

　終了してよいかどうかは，本人はもちろんですが，保護者・在籍学級担任の先生が相談を重ねて判断していきます。在籍学級担任の先生には，現在の学級での適応状況を中心に考えていただくことになります。

　終了のタイミングが近づいてくると，在籍学級担任の先生も「もうそろそろ終了でもよいかな。」と思っていただけることが多いです。適応状況が改善されてきていることのあかしでもあります。担任の先生が普段されている配慮が負担なく実施でき，学級全体への指導を行いつつできるものになっています。その点がクリアされてきているかを確認するのが1つのポイントです。

　また，2つ目のポイントとして，在籍学級の授業を抜けて通級による指導を受けるメリットとデメリットのバランスです。「通級による指導を受けさせ続けたいけれど…。」となっても，通級による指導を受けるメリットよりも在籍学級を抜けるデメリットが勝る場合もあります。そのときが，通級による指導の終了のタイミングとなります。「在籍学級の授業を抜けずに，そのまま付加する形で受けられるのであれば…。」ということはままあります。もちろん，色々な実態や事情から，放課後に通級してくる子どももいますが，終了のポイントとしては，替える形（通常の学級での時間に取り出して，通級による指導を受ける）であっても，通級による指導が必要かどうかです。

担任が替わっても同じ支援が継続するか

　本当に指導力が素晴らしく，子どもに支援することもとっても上手な先生がいます。その先生の職人技のような形で，子どもの適応状況がよりよくなっているとすると，終了に関しては少し心配になります。「〇〇先生だからうまくいっている。」となると，担任の先生が替わったときに，一気に子どもの困りが顕在化することもあります。職人芸的に，その先生が支援をされていて，それがうまくいっているとすると，すぐには終了できません。終了前に，その支援を明示し，それが他の先生でもできるかどうかを検証する必要があります。

保護者・本人に直接伝えてもらう

　終了を前に，保護者や本人に直接これまでの成長や「通級による指導がなくなっても大丈夫」ということを伝えてもらうようにします。順序としては，通級指導教室から保護者に終了を目指す旨を伝えた後で，伝えてもらうようにします。

　できれば，通級指導教室担当から保護者に，「在籍学級担任の先生にも様子を聞いてみてください。」と伝え，それを受けて，保護者から在籍学級担任の先生に相談に行くというのが安心感をもってもらうという意味でもベストです。そのためにも，保護者と話をする前に，通級指導教室担当と在籍学級担任で話をしておくことが求められます。いずれかが，「その話は知らない。」となってしまうと，保護者の不安感を増大させてしまいます。

　保護者に，通級指導教室担当も在籍学級担任も，子どもの成長を感じ，同じ方向（終了に向けた支援）を向いていると実感してもらうことが大事です。

52

通級指導終了スキル③
本人との相談

▌楽しいからこそ

通級指導教室は，子どもにとってとても魅力的で楽しいところです。本人の願いに応じて，得意なことはもっと得意になり，苦手なことはちょっと頑張って少しできるようになるところ，自信をつけることができるところです。時には，在籍学級での悩みを聞いてもらい，それを解消してくれる癒しの場所でもあります。

そんな楽しい場所だからこそ，通級による指導を終了するということは子どもにとって，一大事です。保護者や在籍学級担任との相談を経て，外堀を埋めてから本人と終了に向けての相談をしましょう。

▌自信をもって終了するために

通級による指導を終了するということは，これまでのように日常的に特別なサポートを受けられるわけではありません。色々な配慮は続くものの，自分で課題を乗り越えていかなければならない場面が多くなります。そこで，改めて本人の良さや今後のことを再確認していきます。自分の得意なこと，頑張ってきたこと，これまで苦手だったけれどうまくできるようになったこと等を，通級指導教室担当から押し付けるのではなく，本人から引き出すようにしましょう。そのときに，保護者から認められていること，在籍学級担任の先生から認められること等も伝えていきましょう。

徐々に終了する

　子ども本人に終了の時期の目安を伝えると思いますが，いきなりすぐに終了すると伝えると驚いてしまうかもしれません。そこで，終了できる適応状況になってきたタイミングで，通級頻度についての相談を行います。回数を減らしていくことを提案します。中には，「毎日でも通いたいぐらいなのに…。」とうれしいことを言ってくれることもありますが，成長しているあかしだと説得します。

　また，安心してもらうためにいつでも回数の変更は可能であるということも伝えておくとよいでしょう。私は，よく終了した先輩の話をします。支援が少なくなっても頑張って過ごしているということや高校・大学等で自分らしく過ごしていることを伝えると，とても励みになるようです。さらに，支援の手が少なくなることは喜ばしいことであり，子ども自身が頑張っている成果だと伝えます。

　第2段階の後半くらいになると，いい意味で通級指導教室のことを忘れてしまうことが多くなってきます。日々の生活の楽しいことや充実感で頭がいっぱいになってきます。そうなると，終了までもう目前です。キリのよいタイミングで，本人としっかりと相談をして終了します。そのときに，これまでの成果を少し早い「（通級指導教室からの）卒業証書」として明示し，子どもに渡すようにしています。子どもは必ずと言っていいほど，頑張ったことを自分自身でふりかえり，よい顔を見せて終了していきます。別れは寂しいけれど，とっても喜ばしい瞬間です。

53

終了後もつながるスキル
通級指導教室からのアクセス

目を離さない

　通級による指導を終了しても，その終了した子ども以外にも他校の場合であれば，別の子どもが通級していることは多いです。他の子どもの様子を見学しに行ったときに，合わせて，終了した子どもの様子を在学校で聞いたり，場合によっては直接様子を見学したりすることも可能です。自校の子どもであった場合は，いつでも会うことができます。「手はかけないが，目は離さない」ようにしておくことが重要かと思います。したがって，在学校の先生，特に特別支援教育コーディネーターの先生とは連絡を密にしておきましょう。

　保護者には，時折メール等での連絡をしておくとよいでしょう。保護者学習会なども場合によっては，参加してもらってもよいかもしれません。保護者の中には，あれだけ困ったらいつでも連絡してくださいと伝えていても，「終了したし，悪いわ。」と思ってしまう方がいます。そんなに多いケースではありませんが，困っていてもしばらくつながらずに，困り切ってしまって，どうしようもなくなってからつながるケースがあります。そうなると，調整等が難しくなってきます。できれば，早めに対応できるとよいですね。

　そのためにも，保護者からアクセスしてくれるのを待つだけではなく，通級指導教室側から，保護者に無理のない程度にアクセスしてみましょう。学習会の案内などをメールで送るのは，そんなに手間でもありません。必要とされない場合もありますが，その際は，配信登録を解除すればよいだけです。

それぞれのステージごとでの支援を大切にする

　小学校であれば，中学校に進学した子どもの様子はとっても気になります。進学先で通級指導教室による支援を継続している子どももいます。小学校のときの通級指導教室担当に，中学校での不満や愚痴をこぼす保護者もたくさんいます。それに対して，保護者に同調してしまってはいけません。その思いを理解しつつも，同調してしまうと，中学校の先生との対立構造ができあがり，結果として子どもに何もいいことはありません。もちろん，たまに中学校での支援について，疑問に思うことや改善してほしいことも出てきます。その際には，教員同士で話し合いをしてよりよい方向を目指していきましょう。基本的には，それぞれのステージの支援を大切にすることが重要であると思います。そのためにも，出しゃばりすぎず，謙虚に話し合いができればよいですね。これは，子どもへの間接支援にあたります。直接指導を行うわけではありませんが，環境調整の１つとなるでしょうか。

本人の意思を尊重する

　中学校や高校，大学とステージが進んでくると，本人の意思がより重要となります。よくあるのは，本人がどう思っているかはさておき，保護者が心配して，通級指導教室につながるというものです。保護者の相談に応じるのはもちろんですが，子ども本人はそれを望んでいるのかを確認したほうがよいでしょう。通級指導教室が子どもにとってよい思い出であればよいのですが，中には，特別で嫌だったという子もいるかもしれません。通級による指導の終了後につながっておくことは重要だと思いますが，ケースバイケースで，積極的に通級指導教室からアクセスしないほうがよい場合もあります。子どもや保護者に応じて考えていけるとよいですね。

54

相談するスキル
一人で抱え込まない

　通級指導教室担当が同じ学校に複数いる場合には，すぐ隣の先生と色々と相談しながら仕事を進めていくことが可能となるかもしれません。しかし，同じ学校に複数配置になっていない場合もあります。また，同じ学校に複数配置されていたとしても，個別の指導場面を常にいっしょにいること（指導に対してすぐにフィードバックをもらうこと）は稀です。単独で様々なことを考え，企画していかなければならないので，孤独感を味わうのもしばしばです。こんなことがあってはなりませんが，子どもにも保護者にも個別的なかかわりが多くなることで，時に通級指導教室担当が独善的なかかわりになってしまったり，保護者や子どもが通級指導教室担当に依存的になってしまったりすることもあります。では，どのようにそういったことを回避していけばよいでしょうか。

同じ立場の人に相談する

　同じ立場の通級指導教室担当に相談してみてください。特に，通級指導教室ならではの運営のことや在学校との連携などでは，同じような悩みを抱えていることも多く，同じ立場の人に相談することで，より素敵な対応策が見つかるかもしれません。悩んだときに相談するだけではなく，日頃の自身の指導内容や運営方法を評価してもらうとよいでしょう。そのためにも，地域

で展開している研究団体などに所属し，そこに所属する通級指導教室担当に相談してみましょう。自分のピアサポートメンバーをつくる感覚も大事ですね。お互いに高め合える仲間を見つけましょう。

校内に複数担当がいる場合には，定期的に指導の様子を見合うなど，通級指導教室内で研修場面をつくってもよいかもしれません。ケース会議等は行われていると思いますが，実際の指導場面を見合うこともすぐにできることです。ぜひ取り組んでみてください。

また，ケース会議を校内で収めるのではなく，近隣の通級指導教室と合同で行い，同じ立場で相談しあっていきましょう。これも日程調整が少し大変ですが，すぐにできることです。できることからやっていきましょう。

管理職に相談する

みなさんは，日頃から管理職に相談することができているでしょうか。管理職に相談するということは，人によってはハードルが高く感じるかもしれませんが，これは一石二鳥で，管理職に通級指導教室のことを知ってもらうよい機会にもなります。管理職（一部を除く）は，先生たちから相談されるのを喜びます。

特別支援教育の経験がない，通級指導教室への理解がない管理職は，逆にチャンスです。キーワードは，「通常の学級の先生の視点からはいかがでしょうか？」「管理職としては，この活動どのように理解されますか？　成功させるにはどうすればよいですか？」です。相談して一緒に考えることができたということで，一体感が生まれます。管理職を巻き込むためにも，「アドバイスを請う」形で相談してみましょう。自分にはない視点で話をしてくれて，よかったと思うことがきっとたくさんあるはずです。

55

研修会参加スキル
色々な分野の研修会へ

特別支援教育に関する研修会に参加する

　特別支援教育に関する研修会がたくさん開催されています。発達障害などの障害理解に関することや制度に関すること，アセスメントツールに関すること等，講演形式で開催されていることが多いと思います。通級指導教室担当は，校内で特別支援教育の推進にあたる機会も多くあるため，そういった研修会に参加して，特別支援教育の最新事情について学び続けることは重要です。

　教育委員会などが主催する研修会ももちろんですが，長期休業中に行われる民間の研究団体主催の研修会もお勧めです。また，今は多くの研修会がオンラインで開催されるようになりました。様々な形態の研修会が開催されていますので，それぞれの生活スタイルに合った研修会に貪欲に参加していきましょう。

　研修会に参加した後は，その研修で学んだことを，報告としてＡ４サイズの紙１枚にまとめていきましょう。その作成した報告書を校内の先生に提供します。そっくりそのまま資料を公開するのではなく，自分なりにまとめることが重要です。インプットしたことをアウトプットすることで，頭の中が整理されます。自分なりにまとめることで，理解度がわかります。もし，まだ十分理解できていないと感じたときには，改めて学ぶ機会を設けていきましょう。それを繰り返すことで，特別支援教育の基礎を培っていくことができます。

特別支援教育以外の研修会にも参加する

　特別支援教育にかかわる研修会以外の研修会に参加してみると，新しい発見があるかもしれません。教科教育にかかわる研修会に参加すると，当然ですが，教科に関する内容がメインとなります。その教科専門の先生がどのように授業を構築していくのか，教材研究を進めているのか等とても参考になります。その視点の中に，いかに特別支援教育のエッセンスを盛り込めるかを考えながら参加します。

　教育分野に限らず，他の専門職の研修会に参加するのもとても参考になります。私はよく作業療法士の学習会に参加します。初めは，参加者が使う言葉もわからず，ちんぷんかんぷんでした。が，わからないことを他の参加者に聞いたり，文献等で明らかにしたりする過程を通して，作業療法士の領域における専門用語も少しわかるようになってきました。作業療法士と同じだけの知識を得ようとするのは難しいかもしれませんが，基礎となる理論やよく使われる言葉を理解しておくだけで，連携の際に話が進みやすいです。

学びの数珠つなぎ

　研修会では，講師の方がご自身の専門領域について講演されます。その講演を聞いて，もっとその先生の話を聞いてみたい，ご著書を読んでみたいと思うようになります。いわゆるお気に入りができて，その先生の講演会に足しげく通います。すると，その先生のベースとなる考え方やスタンスに，そのうちに気づきます。それを今度は自分で文献検索などをして，原典にあたり，より理解を深めます。講演会等では，講師の先生が引用文献や参考文献を示してくれることが多いです。

　より理解を深めるために，そういった文献を自分でも確認するようにしましょう。もっともっと知りたくなって，学びの数珠つなぎがスタートします。

56

研修会を運営するスキル
自分が学びになるように

研修会を運営することのメリット

　今は，どこの研究団体も運営を担うスタッフが足りない，新しく事務局に参加してくれる人がいないという問題を抱えています。これは特別支援教育にかかわる団体だけの課題ではないようです。わざわざ自分の時間を削ってまで人の役に立とうと思わないという考えもあるかと思います。しかし，実は研究団体に所属し，その事務局業務を担うことはそれを凌駕するような大きなメリットがあります。それは，自分が学びたい講師を呼べるということです。もちろん，研究団体の講演会であれば，その研究団体の趣旨に沿った講師を選定する必要はありますが，基本的に講師の希望は叶いやすいと思います。

　さらに，研修会を運営するということは，事前に講師の先生とやり取りをしたり，講演会以外でも話を聞くことがあるので，講演会の内容以上のことを聞けたりします。これは，本当に大きなメリットです。講師と直接つながることができるので，講師にもよりますが，自分が実践する中で困ったときにアドバイスをもらうことが可能になります。私は様々な研修会を企画・運営してきましたが，講師の先生と直接やり取りできる機会がつくれることがとてもありがたかったです。講演会の質問タイムでは，なかなか自分の事例について話すことはできませんが，個人的なやり取りができると，そのことを相談できます。ぜひ，運営側に回って，この旨味を味わいましょう。

仲間を増やす

　研修会を企画するときには，研究団体等，複数のメンバーで企画を行います。それは同じ志をもつ仲間となりえるメンバーです。同じ志をもつメンバーで研修会を企画すると，一体感が生まれます。いわゆる仲間意識が芽生え，日常では腹立たしいことや悲しいことが多いかもしれませんが，この中では自分をさらけ出せるようになります。研修会を運営することを通して，仲間を増やしていくことができるのは，研修会で学びを得ることと合わせて，研修会を運営するメリットです。

課題が見えてくる

　研修会を行ったときには，事後アンケートとして，今後どのようなことを学びたいかなどの調査をすることが多いです。その調査結果から，今，先生たちがどんなことで悩んでいるかが見えてきます。それは子どもの困りとも直結する課題です。次の研修会の企画を考えるときにも役立つ情報ですが，日々の実践の中で，そこで挙げられた課題の支援をもって子どもの様子を見ていくことも大切なことです。

研修会スタッフとして運営する

57

事例検討会参加スキル
自分事として捉える

▍事例検討会に参加する

　事例検討会と他の研修会と大きく異なる点は，いわゆる正解がないことです。その事例に関する最適な方法等は見えてくるかもしれませんが，絶対的な正解というものがありません。参加者がそれぞれの視点で，事例に関しての解釈を行い，それを出し合います。それぞれ視点が違うので，子どもの解釈の観点が違います。例えば，学習困難のある子どもの事例の場合，子どもの学習環境に焦点を当てる先生もいれば，代替機器を中心に検討する先生，指導方法に焦点を当てる先生等がいるかもしれません。事例検討会に参加したときには，参加者のそれぞれの意見を聞いてみるだけでもとても面白いです。自分の考えをみんなの前で伝えることに抵抗がある場合は，まずは参加していろんな意見を聞いてみましょう。

　しかし，中には思い込みや事例の子どものことを置き去りにしてこれまでの経験のみで発言をしている参加者もいます。そのときには，「この子どものアセスメントはどうだったかな？」と常に子どものアセスメント情報との関連を考えましょう。自分としてアセスメント情報と結びつかないと思う発言をされる方がいたときには，「なぜそう思ったのか？」と質問してみるとよいでしょう。そこからより詳細なアセスメントの解釈につながるかもしれません。事例検討会に参加した際には，感想でもよいので，自分の思いを言葉にして一言だけでもみんなの前で話をするようにしましょう。そうすることで，自分の考えが整理されます。

▌自分事として捉える

　1つの事例に対して，様々な解釈が生まれます。全てが自分にとってしっくりくるものではないかもしれません。したがって，それを全て採用する必要はありません。みんなの解釈を基に，自分の頭の中で整合性のとれる流れをつくっていきます。そして，事例のお子さん像を描く作業を行います。もしかしたら，もっとその子どもについて知りたくなるかもしれません。

　そのときに，ぜひ質問してみましょう。この段階まで来ると，ただやみくもに質問しているのではなく，自分の解釈に沿った質問になってきます。頭の中で，答えの仮説もできあがっているかもしれませんね。さて，とりあえずの子どものアセスメントができあがりました。

　次の作業は，そのアセスメントからどんな支援が考えられるかを検討します。大事なことは，自分なら「この子どもにこんな支援を行う。」という具体性です。自分が支援を行うことを頭の中でシミュレーションします。子どもの良さを生かしているか，特性に配慮しているか，実現可能であるかを考えていきます。

　この流れが事例を自分事として捉えるということです。自分が実際に子どもとかかわることができる数＜経験＞は限られています。しかし，力量を高めていくためには，経験を積むことは必要です。

　しかも，できる限り子どものアセスメントについて深く考えた濃密な経験が必要です。この濃密な経験を積むことの代わり，いやそれ以上の経験となるものが事例検討にはあります。事例検討で得たものを，自分がかかわっているケースに応用してみることも重要です。これができれば，自分の引き出しに新たなスキルが加わります。

　自分の専門性を高めることは，事例検討を通した学びが一番効果的です。そして，なにより楽しいです。楽しくスキルアップできるなんて，最高じゃないですか。

58

事例検討会での事例提供スキル
みんなにわかるように伝える

どの事例を出すか検討する

　事例検討会で事例提供するときに，どんな子どもを話題にするか悩むかもしれません。自分としてはうまくいっているケースで話題提供をし，なぜうまくいったのかを複数で検討することも面白いかもしれません。また，うまくいっていないと思うケースで話題提供をし，解決策を見出してもよいかもしれません。いずれにしても，アセスメント情報がそろっているほうが，議論が深まってよいと思います。

アセスメント情報をまとめていく

　事例提供をするときに，ある程度事例についてのアセスメント情報をまとめていく必要があります。個別の指導計画のアセスメント情報そのままでもかまわないと思いますが，より詳細に子どもの様子がわかるようにしておきましょう。できれば，本人が書いたものや作品なども準備しておくとよいと思います。それが書かれた状況（一人で授業時間に書いた，休み時間に先生の支援を受けながら書いた，家庭学習として取り組んだ等）も踏まえておきましょう。また，運動面で課題のある子どもなどでは，動画もあるとより議論が深まります。手元のズーム，姿勢全体（座った姿勢，立った姿勢等），道具を使って運動している場面，遊んでいる場面，学習場面，友達とかかわっている場面など多くの場面を撮影しておきましょう。

発表前に気持ちを整える

　これまでも事例検討会に参加して，色々と事例提供者がまわりから質問を受けたり，指摘を受けたりしている様子を見ていて，ドキドキするかもしれません。発表まではドキドキすると思いますが，参加者が意見をしても，それは“子どものため”の支援方針の検討であって，自分のアセスメント情報の不十分さや解釈の甘さ，指導力のなさを指摘しているわけではありません。どうしても責められているような感覚をもってしまう方もいるようですが，一切そんなことはありません。よりよい支援者を目指すために，ひいては子どものためだと気持ちを整えましょう。一度発表すると，緊張はするものの発表する快感が得られ，また発表しようと思うに違いありません。

いざ発表！

　いざ事例検討会を迎え，発表すると緊張してしまい，何を話しているかわからなくなるかもしれません。まずは，事例となる子どものことを知ってもらおうという思いで発表するとよいでしょう。質問についても，より深く知るためであり，子どもの様子を思い浮かべながら答えましょう。そのときには，場面や内容を限定して伝えるようにしましょう。「いつも」「だいたい」ではなく，「国語の場面では」「中休みに友達と遊んでいるときに」等，参加者が子どもの様子をイメージできるようにしましょう。

　また，その子どもに対して，自分はどんな仮説を立てているか，どのような支援を行っているかを明確に示せるように準備しておきましょう。そして，議論の柱として協議したい内容を２～３個程度にまとめておきます。その柱を中心に討議を行うことで，拡散することなく，アセスメントから支援の方針が見えてくると思います。

　発表してよかったと思えるような事例検討会になるといいですね。

59

事例検討会を企画するスキル
みんなにとって有意義な会

みんながハッピーになる事例検討会

　これまでいくつもの事例検討会に参加してきましたが，その中でいくつか最悪だと思ったものがあるので，それを紹介します。１つめは，事例提供者が針のむしろになっている事例検討会です。明らかに事例提供者に対しての尊敬の念がなく，みんなが事例提供者に対して何か指摘してやろうという態度でした。アセスメント情報が足りない，指導が適切ではない…。もちろんそのようなこともあろうかと思いますが，そこには圧倒的に「ではどうすればよいか」という視点が欠けていました。アセスメント情報が足りないのであれば，参加者は引き出す工夫が必要ですし，今後何に注目してアセスメントすればよいかを伝えてほしいと思います。指導が適切ではないと思ったときにも，１つのアイデアとして具体的に提案してほしいです。２つめは，「いいね」だけで終わる事例検討会です。より深く議論することなく，このままでよいと言うだけでは，全く面白くありません。事例提供者にも失礼だと思います。それでは，新しい視点を得られたり，自分だけでは思いつくことのなかった方法が見つかったりすることもありません。これは，＜どうでもいい薄っぺらな事例検討会＞です。

　参加者も事例提供者も「う〜ん。」と唸りながら，一人の子どものことを深くみんなで考え，話題提供者が実現可能な一定の方針が見えるような事例検討会になれば，みんながハッピーになれるのではないでしょうか。そのような事例検討会の後の打ち上げは，事例検討延長戦が繰り広げられます。

事例検討会の流れをつくる

だいたいの事例検討会は，次のような流れでつくられることが多いです。

---

①アセスメント情報の発表

②動画や作品等の確認

③アセメントに関しての質疑応答

④事例提供者によるアセスメントの解釈

⑤アセスメントから解釈についての討議

⑥支援方針についての討議（討議の柱を中心に）

⑦事例提供者からのコメント

---

③④⑤⑥あたりは，行ったり来たりすると思いますが，企画する側としては，一通り流れをつくり，参加者の思考を整理しましょう。⑤⑥の段階で，どんどんみんなが事例にのめりこんでくると，自分事にしすぎて，事例提供者が考えたいこととずれていってしまうことがあります。そこを企画者は整理して，討議の柱を今一度みんなに思い出してもらうような働きかけをしましょう。少々の脱線は面白いのですが，脱線しすぎると，みんながハッピーな事例検討会にはなりません。

他職種も巻き込む

事例検討会の醍醐味は，みんなが平場（対等な立場）に立って考えることができることです。違った視点をもっている方が参加することはとても有意義です。そこで，他職種（医療関係や福祉関係等）の方を巻き込んで事例検討しましょう。目からうろこのアイデアが生まれるかもしれません。時には，他職種の方からも事例提供していただくと，アセスメント方法の違いに驚くことがあります。ぜひ多職種連携の一環としてやってみましょう。

60

願いをニーズへと高めるスキル
今必要なことは何か

ディマンド（願い）とニーズの違い

　ディマンド（願い）とニーズは同じようでいて大きく異なります。ディマンドは，子どもや保護者が主観的にこうなりたいということやこういうことをしてほしいという欲求に近いものです。それに対し，ニーズは客観性が求められます。いわば，子どもが生活していくうえで，必要なものということです。

　子ども本人の願い，保護者の願い，在籍学級担任の願い（いわゆるディマンド）から，通級担当者が客観的に，種々のアセスメントデータと総合し，子どもに今生活するうえで必要なこと（ニーズ）を把握し，指導計画を立てる必要があります。そして，指導のねらいや目標は，在籍担任・保護者・そして子ども本人と共有し（子ども自身が理解でき，受け入れやすく，課題を意識できるように），日々の指導の中で，共同戦線で取り組んでいくことになります。したがって，子どもの発達段階や学年，特性等から子どもに向けての説明は，使う言葉が違ってきます。

それぞれの願いを聞き取る

　通級指導教室で目指すこと（得意なことや好きなことはもっと伸ばしたり増やしたりしよう。苦手なことやうまくいかないことは，先生といっしょに考えて取り組もう）を伝えたうえで，子どもから願いを聞き取ります。これ

までの保護者や在籍学級担任からの情報収集で子どもの困りについてはおおよその検討をつけているので，「〜についてはどう？」と子どもに通級担当者から提案する形でニーズを引き出すとよいでしょう。そうしなければ，通級指導教室でできないことを提案されたり，子どものニーズに沿った内容にならなかったりする可能性があります。

　また，保護者の願いも丁寧に聞き取ります。まれに子どもへの過大な期待や願いが強すぎることもありますが，通級指導担当者としては，今できることを踏まえつつ，合理的な目標設定を保護者と共に行います。そうすることで，「あれもこれも」とならず，ポイントを絞って指導を進めることが可能となってきます。

　在籍学級担任の先生にも，在籍学級の中で，その子がどうなってほしいかを聞き取ります。さすが学校の先生なので，大きく外れることがありませんが，求めることが高くなってしまうケースがあります。その際には，現段階で何をできるようになればよいかをアセスメントを中心に説明して，納得してもらうようにしましょう。それが合理的配慮にもつながってきます。

連携することでニーズに応じた支援が可能となる

　通級指導教室での指導は，週１単位時間など，時間が限られています。その中でより効果的な指導を行うためには，様々なディマンドをスタートに実態把握を行い，ニーズを的確に捉えることが重要だと思います。

　また，そのニーズに向かうためには，子どもとの共同戦線を張ることが重要であると考えます。指導者側がいくら必要だと思っていても，本人に必要感がなかったり，意識がなかったりすると難しいのが現状です。例えば，小集団活動では，形式上のその場限りの SST になってしまい，在籍学級での般化が難しくなってくることもあります。

　子どもの困りに寄り添うためにも，子どものニーズを中心に据え，保護者・在籍学級担任と連携して支援していきたいものですね。

参考文献

・Q&Aと先読みカレンダーで早わかり！通級指導教室運営ガイド，笹森洋樹，大城政之編著，明治図書，2014

・全国の特色ある30校の実践事例集「通級による指導」編，柘植雅義，小林玄，飯島知子，鳴海正也編著，ジアース教育新社，2016

・通級指導教室と特別支援教室の指導のアイデア小学校編，月森久江編著，図書文化社，2017

・デキる「指導者・支援者」になるための極める！アセスメント講座，小野寺基史編著，明治図書，2021

・発達障害のある子へのやさしい「個別の指導計画」作成ガイド，喜多好一，齊藤代一，山下公司著，明治図書，2022

・発達障害のある子を読み解くワークショップ型事例研究「アセスメント」研修のための課題20，室橋春光監修，山下公司編著，明治図書，2023

・特別支援教育の理論と実践［第4版］II指導，一般財団法人特別支援教育士資格認定協会編，花熊暁，鳥居深雪監修，金剛出版，2023

・1年の要所がわかる・見通せるはじめての「通級指導教室」12か月の花マル仕事術，特別支援教育の実践研究会，喜多好一編，明治図書，2023

・長所活用型指導で子どもが変わる Part2国語・算数・遊び・日常生活のつまずきの指導　藤田和弘監修，熊谷恵子，青山眞二編著，図書文化，2000

　本書を執筆するにあたって，何度もくじけそうになる私を叱咤激励してくださった仲間たち，本書に柔らかな空気を注ぐため，素敵なイラストを描いてくださった村井めぐみ先生，そして，これまでかかわってきた多くの子どもや保護者の皆様に感謝申し上げます。

山下　公司

【著者紹介】
山下 公司（やました こおじ）
北海道教育大学札幌校特別支援教育専攻 准教授
北海道内小中学校特別支援学級担任を経て，発達障がい等に対
応する通級指導教室「まなびの教室」を14年間担当。
特別支援教育士スーパーバイザー
公認心理師
臨床発達心理士

〔本文イラスト〕村井めぐみ

［小学校］通級指導教室担当の仕事スキル
困難があっても笑顔になれる教室づくりのコツ

2024年4月初版第1刷刊 ©著 者 山　　下　　公　　司
　　　　　　　　　　　発行者 藤　　原　　光　　政
　　　　　　　　　　　発行所 明治図書出版株式会社
　　　　　　　　　　　　　　http://www.meijitosho.co.jp
　　　　　　　　　　　（企画）佐藤智恵（校正）川上 萌
　　　　　　　　　　　〒114-0023　東京都北区滝野川7-46-1
　　　　　　　　　　　振替00160-5-151318　電話03(5907)6703
　　　　　　　　　　　ご注文窓口　電話03(5907)6668
＊検印省略　　　　　　組版所 株 式 会 社 木 元 省 美 堂

Printed in Japan　　　　ISBN978-4-18-321837-7
もれなくクーポンがもらえる！読者アンケートはこちらから